Dörr · Esoterik — was ist das?

Inhaltsverzeichnis

Esoteriκ, was ist das? 7
Einleitung 9
Einführung ins System 10
Zum Geleit 13
Pythagoras 16
Esoterik — eso — Is 18
Der Eid der Pythagoreer 19
Das Quadrat und megalithische Himmelskunde 19
Der Lehrsatz des Pythagoras 22
Die Reihe vom Goldenen Schnitt 26
Das Pentagramm und die Venus 29
Der Goldene Schnitt in den Umlaufzeiten der Planeten 33
Die Cheopspyramide und das Wissen des Pythagoras 34
Die Sprache der Steinpyramide 35
Die Tetraktys des Pythagoras 40
Die beiden Tetrakten und die Präzession 41
Das Monochord 42
Das Phänomen der Obertonreihe 43
Das Futhark als Schöpfungsbericht 46
Das Zeichen GN 47
Die Musiktherapie 47
Die vier Bausteine der DNA 48
Die Funktion der rechten und linken Hirnhälfte 50
Die vier geistigen Gesetze Coués 51
Verstand und Erbinformation 52
Eine Frage an die Paläontologie 53
Zielsetzung Mensch 55
Das Gesetz der Wiederholung — Kommunikation und Sprache 57
Der Weg zum Selbstbewußtsein 59
Das Märchen und seine Bedeutung für die geistige Entwicklung 61
Der real-natürliche Hintergrund im Märchen 62
Das Märchen der Thurandot 65

Der real-natürliche Hintergrund in der Religion 66
Die wichtigsten Elemente des Märchens 69
Der Frosch 70
Die Mythe des Ödipus 71
Der Abraham-Bericht 75
Isaak und das atlantische IS 78
Der Isaak-Bericht 79
Das atlantische THUL — THIIUL 81
Friedrich Max Müller und der Ursprung des Gottnamens Zeus 82
Thul — Till-Eulenspiegel 82
Die atlantischen Schrift- und Zahlzeichen 83
Die Präzession und der Dreikönigsbrauch 87
Die „vorrückende" Bewegung in der Apokalypse 88
Die jungfräuliche Geburt christlicher Legende 89
Weitere christliche Festtage 90
Karneval 91
Die drei Eide der Pythagoreer 92
Tilak und die Veden 92
Gibt es weitere Indizien? 93
Das Horoskop als seelische Struktur 95
Die fernöstlichen Initiationsworte ein weiteres Indiz? 103
Ein besonderes Indiz ist der Sintflutbericht 105
Alle Dinge haben eine natürliche Erklärung 111
Das Universum singt 112
Johannes Kepler und die Lehre des Pythagoras 116
Das geistige Zielbild 119
Das Ordnungsprinzip und die Geschichte 120
Eine Frage zum Abschluß 122
Nichtsein ist nicht 125
Ausklang 126
Die Aufgabe der Musik und ihre Funktion 127
Zusammenfassung 131
Nachwort 135
Literaturverzeichnis 137

Esoterik, was ist das?

Intelligenz und Bewußtsein ergeben sich aus dem Maße der Rückbindung an die eigene Vergangenheit, wobei die Vergangenheit nur weit genug gefaßt sein sollte.
Der Mensch erlangt eine um so größere Entwicklung, je größer das Maß dieser Rückbindung an den eigenen Ursprung ist; denn Intelligenz und Bewußtsein sind zwei sich bedingende Größen, die adäquat zum Wissen um den eigenen Ursprung stehen.

Einleitung

Es ist Mode geworden, alles Unerklärliche, Geheimnisvolle, Nebulose und Unverständliche unter dem Sammelbegriff „Esoterik" anzusiedeln.

Auf diese Weise wurde die Lehre des Pythagoras, die Esoterik, zum Tummelplatz von Scharlatanen, zum Eldorado von Träumern und zum Jahrmarkt von Händlern.

Unter Träumern verstehen wir jene, die infolge einer langen widernatürlichen Entwicklung der Menschheit durch Tabus, Vorschriften, Maßstäbe und sogenannte Leitbilder ihrer wahren Natur entfremdet wurden, und dieses Fremde nun für ihr eigenes Selbst halten. Solchermaßen Träumende haben keinen Sinn mehr für das Reale.

Als Händler bezeichnen wir jene, die selbst zu den Träumenden gehören, aber in der Verzauberung ihre Chance wittern.

Die Geschäfte dieser Händler florieren um so besser, je tiefer der Traum und die Verzauberung, je größer Nichtwissen und Unkenntnis sind.

Daß diese Händler in Sachen Esoterik dann nicht zum Aufwachen beitragen, sondern die bestehende Verwirrung erhalten, wenn nicht gar vergrößern, versteht sich wohl von selbst.

Dabei kann man weder den Betrogenen noch den Betrügern eine böse Absicht unterstellen, sie wissen es einfach nicht besser.

Daß wir mit dieser Schrift eine wunde Stelle berühren und nicht jedem nach dem Munde reden können, liegt an der Sache selbst. Dennoch will diese Schrift möglichst kurz — aber informativ — das Problem beleuchten und aufzeigen, was Esoterik ihrem Ursprung nach einmal war, also zur Klarstellung beitragen.

Verstehen wir Esoterik wieder von Pythagoras her, der als Begründer dieser Lehre gilt, dann schärfen wir den Blick für das Reale und hinterleuchten das Vordergründige, wir erkennen, was Wahrheit ist.

Aber gerade die Wahrheit wurde in dieser Welt seit Jahrtausenden geleugnet, nicht die Wahrheit fand Anerkennung, sondern die „anerkannte Lehrmeinung", die kurzerhand von denen, die die Macht dazu hatten, zur Wahrheit erklärt wurde.

Einige Beispiele seien an dieser Stelle angeführt, um deutlich zu machen, was wir bewußt machen möchten.

Zur Zeit des Pythagoras war die Kugelgestalt der Himmelskörper und das heliozentrische System (daß Erde und Planeten die Sonne umkreisen) bekannt. Hiketas von Syrakus, ein Schüler des Pythagoras, trat mit dieser von Pythagoras vernommenen Lehre an die Öffentlichkeit. Diese Lehre aber wurde verworfen und die Scheibentheorie zur Wahrheit erklärt.

Ähnlich erging es der pythagoreischen Erkenntnis vom Zusammenhang zwischen Ernährung und Gesundheit. Pythagoras forderte eine naturbewußte, frische Nahrung. Obwohl erwiesen, wird bis heutezu dieser Zusammenhang geleugnet.

Einführung ins System

Als Einführung ins System geben wir eine Gegenüberstellung von Realität und Irrealität, in welche die Menschheit infolge Leugnung der Wahrheit gespalten ist. Bereits der römische Architekt Vitruvius Pollio z. Z. des Kaisers Augustus lieferte uns eine Gegenüberstellung von Realität und Irrealität, von Wahrheit und anerkannter Lehrmeinung.

Esoterik

Realität
Wahrheit
Lehre der inneren Zusammenhänge
gründet auf einem Ordnungsprinzip
Sammlung von Übereinstimmungen in den Verhältnissen, Bewegungen, Proportionen, Strukturen usw.

religio als ein dem Menschen aus seinem Wissen zugewachsenes Bedürfnis, sich dieser Ordnung kosmischen Geschehens eingefügt zu wissen

das heliozentrische System
Kugelgestalt
Das Urgesetz natürlicher Ernährung

Krankheit ist die Manifestation unerledigter geistiger Prozesse, die den Menschen nunmehr zwingen, im körperlichen Bereich auszutragen, das er im geistigen Bereich auszutragen weder Mut, noch Wissen, noch den Willen besaß.

Die organisierte Materie ist der sichtbare Beweis einer hinter ihr wirkenden Intelligenz.

Im anerkannten Ordnungsprinzip weiß die Esoterik eine planende, sichtende und unterscheidende Intelligenz am Werke.

Schließlich sagte der römische Architekt:

die Regierenden wissen wir in der Hand einer regieführenden Macht.

Exoterik

Irrealität
Anerkannte Lehrmeinung
Lehre der Äußerlichkeit
gründet auf Zufall und Willkür
Sammlung von dieser Ordnung widersprechenden Beweisen

Gleichsetzung von Konfession mit religio, sie wird zu einer Sache des Glaubens und nicht mehr des Wissens

das geozentrische System
Scheibengestalt
zwischen Ernährung und Gesundheit bzw. Krankheit besteht kein Zusammenhang

Signal- und Hinweischarakter der Krankheit werden verkannt, das Symptom als Krankheit selbst begriffen und folglich ein sinnloser Kampf gegen die Krankheit aufgenommen.

Die Sprache der Materie wird nicht verstanden — die Frage nach einer Aussage erst gar nicht gestellt.

Materie organisiere sich aus sich selbst. Dabei wird der darin liegende Widerspruch erst gar nicht wahrgenommen, daß man einer sich selbst organisierenden Materie Intelligenz zuspricht.

derweil sind die Regierenden der Überzeugung, in ihren Entscheidungen frei und nur sich selbst und Gott gegenüber verantwortlich zu sein.

Zum Geleit

Zum Geleit dieser Schrift erlaube uns der Leser die Anmerkung einiger Aussprüche von Persönlichkeiten der älteren und jüngeren Geistesgeschichte, die wir für besonders geeignet halten, das Problem Esoterik, wie wir es verstanden wissen möchten, zu beleuchten.
Beginnen wir diese Gedanken zum Geleit mit Aristoteles, der selbst schon keine Beziehung mehr zum pythagoreischen Denken besaß, sich aber um Verständnis bemühte:

Aristoteles über die Pythagoreer:
„Da sie nun auch darauf aufmerksam wurden, daß die Verhältnisse und Gesetze der musikalischen Harmonie sich in Zahlen darstellen lassen und da auch alle anderen Erscheinungen eine natürliche Verwandtschaft mit den Zahlen zeigten, die Zahlen aber das erste in der Natur sind, so kamen sie zu der Vorstellung, die Elemente der Zahlen seien die Elemente alles Seienden, und das gesamte Weltall sei eine Harmonie und eine Zahl. Was sich nur irgendwie an Übereinstimmung zwischen den Zahlen und den Harmonien einerseits und den Prozessen und Teilen des Himmelsgewölbes und dem gesamten Weltenbau andererseits auftreiben ließ, das sammelten sie und suchten einen Zusammenhang herzustellen."
Nach Cicero ist die irdische, von Menschen gemachte Musik eine Nachahmung der himmlischen Harmonie: „Jene acht Bahnen aber, von denen zwei gleichen Wesens sind, bringen sieben durch Intervalle verschiedene Töne hervor, eine Zahl, welche der Knotenpunkt fast aller Dinge ist, und dies haben gelehrte Männer auf Saiteninstrumenten und in Gesängen nachgeahmt."
Plotin bekundet: „Alle Musik, wie sie auf Melodie und Rhythmus beruht, ist der irdische Stellvertreter der himmlischen Musik."
Der römische Baumeister Vitruvius Pollio fordert von den Architekten: „. . . damit sie in der Lage sind, gesetzmäßig richtig zu bauen und Gebäude zu erstellen, die den Gesetzen der Natur gerecht werden. ‚Die Musik muß er verstehen, damit er die Kenntnis von der kanonischen Berechnung der Töne und ihren mathematischen Verhältnissen innehabe.'"
Hrabanus Maurus fordert die Ausdehnung dieses pythagoreischen Wissens auf alle Wissensgebiete, damit der Mensch in seinen Forschungen zu gültigen Schlüssen, Ergebnissen und damit zur Erkenntnis der einen Wahrheit komme: „Kein Wissenszweig kann vollkommen sein ohne die Musik; denn ohne sie vermag überhaupt nichts zu bestehen, ist doch die ganze Welt nach harmonischen Gesetzen zusammengefügt und bewegt sich der Himmel selbst in harmonischen Klängen."
Johannes Kepler: „Unser Sonnensystem, mit der Sonne und den sie umkreisenden Planeten, ist zwar selbst nicht Musik, aber ihre Verhältnisse und Proportionen, ihre Bewegungen um die Sonne und die Verhältnisse untereinander verhalten sich wie die harmonikalen Gesetze des polyphonen Satzes unserer Musik."

Pythagoras: „Man kann in der Natur nicht von Zufall sprechen, da die Prozesse und Abläufe, die gegenseitigen Beziehungen, die Proportionen und Strukturen aller Dinge, alle äußeren Erscheinungen von einem inneren Schwingungsgesetz bestimmt sind, läßt dies nur die Wirksamkeit der Zahl in allen Dingen als Schlußfolgerung zu. Eine ganze Reihe verschiendenster Zufälle müßten zusammenwirken, um diese in allen Dingen sichtbar werdende Ordnung herzustellen. Und dieses Zusammenwirken der verschiedensten Zufälle wäre dann schon wieder ein Ordnungsprinzip."

„Da in der sogenannten organisierten Materie, in jenen Bausteinen des Lebens, auf denen allein alles Sein aufgebaut ist, die gleichen harmonikalen Gesetze wie in der Musik nachweisbar sind, ist das der Beweis einer mathematischen Ordnung in den Dingen, die ihrerseits einen weisheitsvollen, planenden Geist, eine All-Intelligenz, in den Dingen wirksam dokumentiert."

Hermann J. Dörr

Leibniz: „Die Musik ist eine verborgene arithmetische Übung der Seele, die dabei nicht weiß, daß sie mit Zahlen umgeht. Denn vieles tut sie in Gestalt von unmerklichen Auffassungen, was sie mit klarer Auffassung nicht bemerken kann. Es irren nämlich diejenigen, welche meinen, daß nichts in der Seele geschehen könne, dessen sie nicht selbst bewußt sei. Daher bemerkt die Seele, obschon sie nicht erkennt, daß sie rechnend tätig ist, dennoch die Wirkung dieses unmerklichen Zahlenbildens entweder als ein durchaus hervorgehendes Wohlbehagen bei Zusammenklängen oder als Unbehagen bei Mißklängen.

Diese seelischen Vorgänge lassen sich nur erklären, wenn man bedenkt, daß das Erleben von Musik als inneres Rechnen der Seele ein Ergebnis vieler Jahrtausende ist. Im Umgang mit der Musik hat der Mensch beim Erlernen derselben vor Jahrtausenden gezählt und jeden einzelnen Schritt bewußt nachvollzogen, bis die Übungen so eingegangen waren, daß sie nunmehr einen automatischen Abruf all dieser in mühsamen Schritten erworbenen Kenntnisse darstellen. Was einst mit vollem Bewußtsein Schritt um Schritt erkannt, erlernt und erworben wurde, hat nun den Vorteil, als seelisches Erlebnis hervorgerufen werden zu können. Es ergeht uns mit der Musik wie mit allem, was wir erlernen. Zuerst müssen wir es Schritt um Schritt bewußt nachvollziehen, bis es dann zu unserem inneren unverlierbaren Besitz geworden ist und wir es ohne denken zu müssen in unsere Handlungen einbeziehen.

Wenn ein Kind Schreiben lernt, muß es sich auf jeden einzelnen Schritt konzentrieren und viele einzelne Schritte miteinander kombinieren (Führung der Hand, Druck auf den Stift, Haltung, auf die Schrifthöhe und -größe, auf die Linie achten usw.). Wenn es diese Kunst des Schreibens gelernt hat, geht es automatisch. In genau der gleichen Weise haben wir Musik zu unserem inneren Besitztum gewonnen, so daß von den inneren Zusammenhängen von Zahlen und Tönen nur noch der wissen muß, der schöpferisch mit den Tönen — oder als Baumeister — mit den Zahlen umgehen will. Er muß wissen, daß er mit der Musik ebenso wie mit der Baukunst sowohl auf-´als auch abbauend wirken kann.

Das Wissen um diese Zusammenhänge erklärt uns, wieso es bei den Griechen Brauch und Pflicht, zumindest bis zu Euripides, Gesetz

war, daß der Dichter in der Himmelskunde wie in der Musik erfahren sein mußte.“
Konfuzius: „Willst du den Menschen erkennen, mußt du den Himmel studieren.“

Dörr Hermann: „Immer ging der Blick des Menschen zum Himmel. Von dort erhoffte er Hilfe und Rettung. Das hat seine Ursache darin, daß der Mensch am Himmel das Gesetz der Ordnung und der Harmonie erkannte. Der Himmel ist der Lehrmeister des Menschen.“
Ludwig van Beethoven: „Wenn ich am Abend den Himmel staunend betrachte und das Heer der ewig in seinen Grenzen sich schwingenden Lichtkörper, Sonnen oder Erden genannt, dann schwingt sich mein Geist über diese so viel Millionen Meilen entfernten Gestirne hin zur Urquelle, aus welcher alles Erschaffene strömt und aus welcher ewig neue Schöpfungen entströmen werden.“
Emanuel Kant: „Zwei Dinge erfüllen das Gemüt mit immer neuer und zunehmender Bewunderung und Ehrfurcht, je öfter und anhaltender sich das Nachdenken damit beschäftigt: Der bestirnte Himmel über mir und das moralische Gesetz in mir.“

Novalis: „Reine Mathematik ist Religion.“

Philolaos: „Du wirst nicht nur in den übernatürlichen und göttlichen Dingen die Natur der Zahl und ihre Kraft wirksam sehen, sondern auch allenthalben in allen menschlichen Werken und Worten, bei allen handwerklichen Verrichtungen und in der Musik.“

Hingewiesen sei auf folgendes: Wenn der Mensch etwas berichtet, verweist er auf die hohe Bedeutung der Zahl, nämlich er er-zählt.
Pythagoras: „Die Zahl ist das Wesen aller Dinge. Man nehme den Dingen die Zahl, und alles fällt in sich zusammen.“

Philolaos: „Die Natur der Zahl ist erkenntnisspendend, führend und lehrend für jeglichen in jeglichem Dinge, das ihm zweifelhaft oder unbekannt ist. Denn nichts von den Dingen wäre irgendwem klar, weder in ihrem Verhältnis zu sich noch zu anderen Dingen, wenn die Zahl nicht wäre und ihr Wesen.“

Der Atlanter nannte den Urbegriff aller Dinge THUL — was sowohl Gesetz als auch Zahl und Sprache hieß. Das Gesetz wäre ohne Kenntnis der Zahl nicht erfahrbar, die Zahl aber wäre ohne Sprache nicht erklärbar. Aus diesem Grunde waren dem Atlanter diese Begriffe Gesetz, Zahl und Sprache eine unzertrennbare Drei-Einheit wie Körper-Seele-Geist.
Unsere Dichter und Künstler wußten darum, die Baumeister der Gotik schufen nach den Gesetzen der Musik ihre gewaltigen Dome. Diese sind „Musik gewordene Architektur“. Das ist jenes Geheimnis, warum uns diese Bauwerke bis auf den heutigen Tag fesseln, bewegen und innerlich ergreifen.
Genug der voraufgehenden Worte, was andere vor uns gedacht, wir wollen uns in dieser Schrift mit dem Ordnungsprinzip befassen und erkennen, was Esoterik ist.
Auf eins wollen wir noch hinweisen: Das Leben ist Bewegung, und folglich sind Abweichungen von dem angeführten Ordnungsprinzip möglich. Das aber kann das erkannte Gesetz nicht in Abrede stellen, sondern ist vielmehr ein Beweis seiner Wirkkraft, erkennen wir doch alles, was sich innerhalb der Grenzen dieses Gesetzes, in den Intervallen und Verhältnissen bewegt und schwingt als schön an, und ferner ist das, was in diesem Ordnungsprinzip lebt, gesund. Das sollte zu denken geben.

Pythagoras

Pythagoras ist um das Jahr 580 v. Chr. auf der Insel Samos geboren. Nach seiner Ausbildung, vorwiegend in Ägypten, tritt er um das Jahr 540 als fahrender Lehrer auf und gründet 532 in Kroton den Pythagoreischen Bund und die erste Esoterische Schule. Infolge blutiger Parteienkämpfe in Kroton zieht Pythagoras um nach Metapont. Hier Verbrennung und Vertreibung um das Jahr 500. Gegen 440 findet dann die endgültige Vertreibung und Verbrennung des Pythagoreischen Bundes statt.
Pythagoras nennt die Welt Kosmos nach dem gr. Verbum kosmein = ordnen und schmücken. Er versteht die Welt als das „Geordnete", weil die Zahl das Wesen der Dinge ist und in allem das Ordnungsprinzip erkannt werden kann.

Pythagoras gründet seine Lehre auf exakte Beobachtung: Musiktheorie und Astronomie, Mathematik und Geometrie, Beobachtung und Sprache. Er erkennt, daß die Ordnung des Sonnensystems nach den gleichen Gesetzen geregelt ist wie die Ordnung unserer Tonleiter. Pythagoras spricht daher von der Harmonie, die sich aus der notwendigen Gegensätzlichkeit der Dinge ergeben muß.
Die Welt ist nach bipolarem Prinzip, nach dem Prinzip der Entsprechung, gegründet und ermöglicht so Entwicklung und Fortbestand des Lebens, deren Ziel allein Harmonie ist.
Nach der Verbrennung und Vertreibung des Pythagoreischen Bundes und Pythagoras selbst wird die Esoterik eine Geheimlehre, als das sie heute irrtümlicherweise noch bezeichnet wird. Geheim aber wurde diese Lehre nur aufgrund der ausgesetzten Verfolgung, nicht weil sie ihrem Wesen nach geheim war.
Pythagoras ist 22 Jahre lang Schüler des Pherekydes. Dieser galt bei den Griechen als Hyperboreer.
Ein Hyperboreer war ein Mensch, der über dem Nordwind Griechenlands geboren war:
hyper = über, boreas = Nordwind.
Von diesem Lehrer erfuhr Pythagoras vom Aufbau der Welt, vom Ordnungsprinzip, von jener seit altersher bestehenden Verbindung der alten Welt Europa-Atlantis, mit dem Mittelpunkt Externsteine im Teutoburger Wald. Diese galt den Eingeweihten zu Zeiten des Pythagoras noch als Sternwarte und Omphalos (Nabel der Welt). Pythagoras selbst weilte wiederholte Male an den Externsteinen. Noch lange nach ihm bestanden zwischen den Externsteinen im Teutoburger Wald und der Insel Delos die sogenannten Weihgesandtschaften, die Geschenke zwischen den Externsteinen und der Insel Delos austauschten.
Zu den Externsteinen in Verbindung standen die Cheopspyramide und die Insel Salvage der Kanaren.
Der Forscher Walther Machalett gilt als Begründer der „Großraumforschung". Er wählte als den einen Eckstein zu den Externsteinen im Teutoburger Wald die Cheopspyramide und fand aufgrund der Winkelverhältnisse den anderen Eckpunkt in der Insel Salvage, der nördlichsten Insel der Kanaren.
Was den Forscher überzeugte, waren die drei übereinstimmenden Winkel, bzw. die dritte Übereinstimmung war in der nördlichen Lage der Externsteine gegeben.

Die Cheopspyramide hat den Neigungswinkel 51° 51' 14,32"
Das Externsteindreieck:
Externsteine — Cheopspyramide — Salvage 51° 51' 14,32"
und die Externsteine im Teutobur-

ger Wald liegen auf der nördlichen Breite: 51° 51' 14,32"

Mit der geringen Abweichung von weniger als 1°, genau 0,333 % entspricht dieser Winkel dem Winkel des klassischen Dreiecks mit den Seitenlängen 3—4 und 5.

Siehe Stonehenge.

Ein Fundamentalsatz des Pythagoras lautet: „Die ganze Welt ist aus einer einzigen Saite gezogen.“ „Alles Seiende ist geistigen Ursprungs — Materie ist in Struktur, Proportion oder Form gebannter Geist, deren Wesen die Zahl ist.“

Als im heutigen Süditalien die Pest ausbrach, wußte Pythagoras durch Hygiene- und Ernährungsanweisungen schnelle Hilfe.

Dies aber erregte nur erneut den Argwohn des Tyrannus Dionyssos, der denn auch bald danach die Ausrottung der Pythagoreer anordnete. Die Esoterische Schule des Pythagoras stand allen Bewerbern offen, sofern sie die Aufnahmeprüfungen bestanden.

Diese bestanden in folgenden vier Kriterien:

1. Beherrschung der Muttersprache,
2. Reinheit und Sicherheit im Ausdruck,
3. sorgfältige Wahl der Begriffe und
4. Unterscheidungsvermögen.

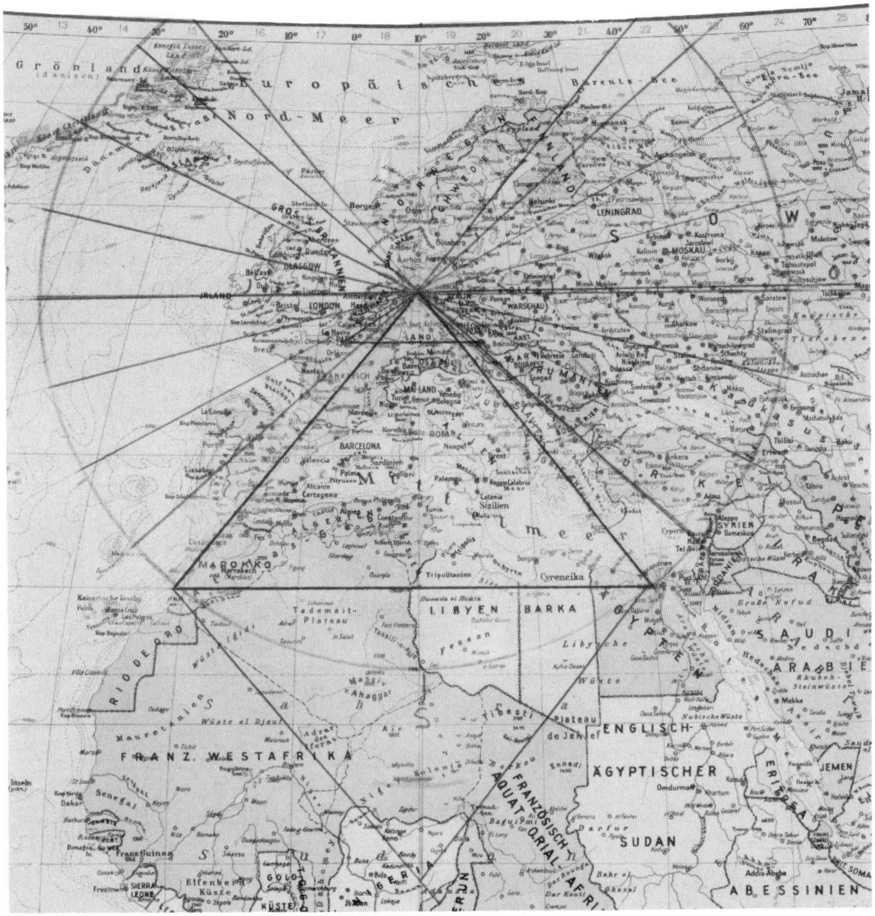

Europa-Atlas
mit den alten Vermessungslinien der Erde: Cheopspyramide — Thule auf Grönland — Sal-Vage (nördliche Insel der Kanaren) — Noweja-Semlja in Weißrußland — mit dem Kreuzungspunkt: Externsteine im Teutoburger Wald.

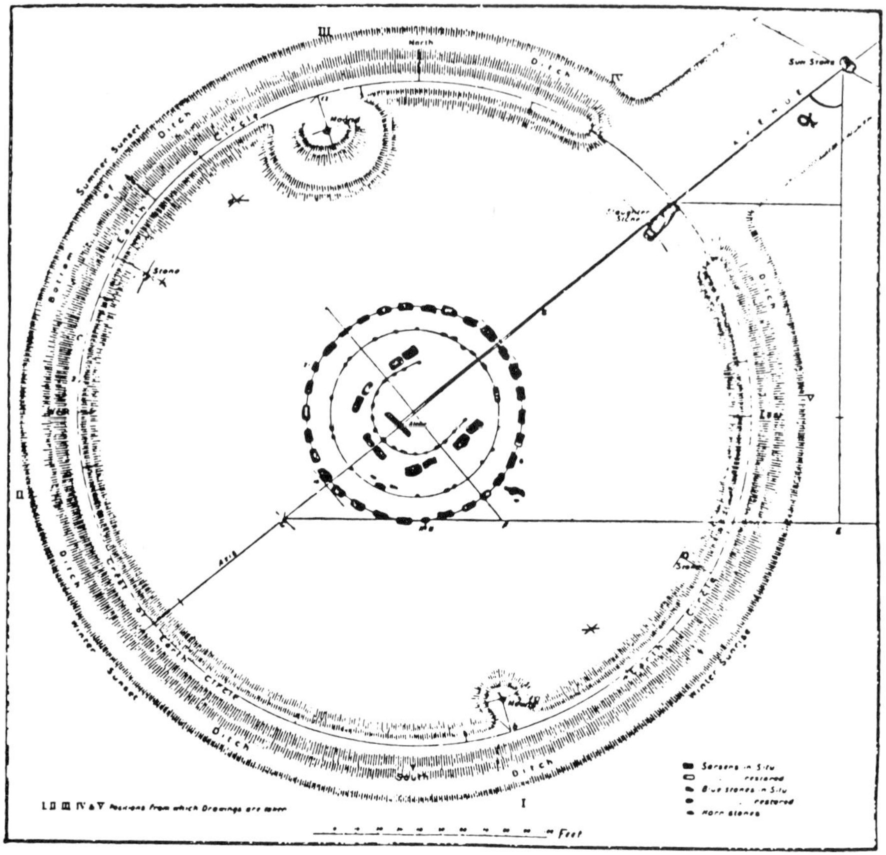

Die Anlage von Stonehenge
Ihre Konstruktionsgrundlage ist das Pythagoreische Dreieck mit den klassischen Seitenverhältnissen 3, 4 und 5 (allerdings ein Vielfaches). Dabei ergibt sich der Winkel α = 53° 13' 01"

Esoterik — eso — IS

Der griechische Begriff eso bedeutet innen und steht in direktem Zusammenhang zum atlantischen Begriff IS = Sein.

Eine solche Überführung vom atlantischen Is in Es erfahren wir im lateinischen esse und in dem Namen Esau.

Das atlantische Is bezeichnete den Frühjahrsaufgang der Sonne und damit die Rückkehr des Lebens und die Geburt des Seins überhaupt.

Wir dürfen an dieser Stelle bereits vorwegnehmen, daß wir später alle den Frühjahrsaufgang der Sonne verkörpernden Götter auf das atlantische IS genannt finden: ISIS, ISSOS — Osir-IS — IS-Mael, IS-Aak — IS-Tarte — IS-Mene usw.

Pythagoras wählte für seine Lehre die Bezeichnung Esoterik, weil er damit zum Ausdruck bringen wollte, daß er die Lehre der inneren Zusammenhänge darlege: Esoterik nach Pythagoras bedeutet daher: Die Lehre der „inneren" Zusammenhänge und meint etwas anderes als „Geheimlehre".

Der Eid der Pythagoreer

Von den Pythagoreern sind uns drei verschiedene Eidesformeln überliefert, die übereinstimmend die Vier zum Hauptwesensmerkmal haben:

1. „Wir schwören bei dem, der uns gegeben die Heilige Vier, Quell der Wurzelkräfte immerströmenden Werdens."
2. „Wir schwören bei dem, der die Heilige Vier gegeben unserem Geschlechte, Quell der Wurzelkräfte ewigen Seins."
3. „Ich schwöre bei dem, der unserer Seele das Geheimnis der Tetraktys anvertraut hat, in welcher die Quelle und die Wurzel ewiger Natur liegt."

Was diese drei Eidesformeln im einzelnen bedeuten, wollen wir später erörtern, hier interessiert uns der besondere Nachdruck auf die Zahl Vier, die in allen Eidesformeln vertreten ist.

Diese Heilige Vier bezieht sich aufs Quadrat. Das Quadrat hat vier Ecken und vier gleich lange Seiten.

Das Quadrat galt den Pythagoreern als Konstruktionsgrundlage aller Dinge. Das wäre nicht einmal etwas Besonderes, wenn nicht betont würde, daß es sich um eine Heilige Vier handelt, die als Quell der Wurzelkräfte immerströmenden Werdens angesprochen wird.

Wo finden wir in der Natur eine solch Heilige Vier, die als Quell der Wurzelkräfte immerströmenden Werdens angesprochen werden kann?

Wir hörten, daß Pythagoras Schüler eines Hyperboreers war, eines Trägers atlantischen Wissens.

Und diese Atlanter waren nicht nur erfahren in der Himmelskunde, sondern hatten aus der Himmelsbeobachtung das Quadrat als Konstruktionsgrundlage empfangen.

Von diesen Atlantern berichtet uns Diodor: „Atlas, der König der Atlanter, hat mit großem Scharfsinn die Bahnen der Gestirne und die Straßen des Meeres erforscht und erkannt, daß die Erde mit schräg gestellter Achse zu ihrer Umlaufbahn die Sonne umkreist und solchermaßen die Jahreszeiten verursacht.

Und da er all dies die Seinen lehrte, entstand daraus die Sage, daß König Atlas das Weltall auf seinen Schultern trage."

Das Quadrat und Megalithische Himmelskunde

Aus Sonnen- und Mondbeobachtung fand der Mensch die Festlegung der Extrempunkte, d. h. die Wendemarken von Sonne und Mond und fand auf diese Weise zum Quadrat. Der Mensch erkannte bald, daß die Auf- und Untergangsorte der Himmelskörper, insbesondere von Sonne und Mond, welches ihm die wichtigsten Himmelskörper waren, weil deren Stand die Jahreszeiten bestimmten, sich täglich zum Norden oder zum Süden hin — je nach Jahreszeit — verschoben.

Der Mensch, wollte er die genaue Jahreszeit mit Hilfe der Gestirnsbeobachtung ermitteln, war auf exakte Beobachtung angewiesen.

Eine solche zu gewährleisten, bedurfte es eines festen Standpunktes und der Fixierung der Wendemarken von Sonne und Mond am Horizont. Die Wendemarken der Sonne nennt man die Solstitien.

Legt man diese fest, so kommt man zwangsläufig zum Quadrat. Dieses wurde wegen der besseren Beobachtung der Gestirne zur Megalithmühle ausgeweitet.

Diese Megalithmühle wurde zunächst einfach in den Boden, später, der besseren Haltbarkeit wegen, in Stein geritzt. Die Mitte nahm einen Stab oder einfachen Knüppel auf, und der Schattenfall dieses Stabes oder Knüppels kündete dem Menschen die Zeit.

Diese Funktion des Knüppels oder Stabes führte unweigerlich zu einer Symbolträchtigkeit desselben:
Stab, Stock oder Knüppel wurden zum Inbegriff der Weisheit, verhalf doch der Schattenfall dieses Stabes den Menschen zu seinem bedeutenden himmelskundlichen Wissen.
Der Mensch war der Unbill der Zeitenwechsel oder anderer Phänomene wie Sonnen- oder Mondfinsternisse nicht mehr unwissend ausgeliefert, er vermochte mit Hilfe seines aus Beobachtung gewonnenen Wissens diese vorauszuberechnen.
Der Mensch war Herr der Zeit geworden — der Mensch hatte sich dank seines Zeitbewußtseins über das Tiersein erhoben.

Zur Erkenntnis jener fundamentalen Bedeutung des Quadrats als Grundlage und Ausgangspunkt aller Konstruktion kam es durch Himmelsbeobachtung. Der Mensch hatte

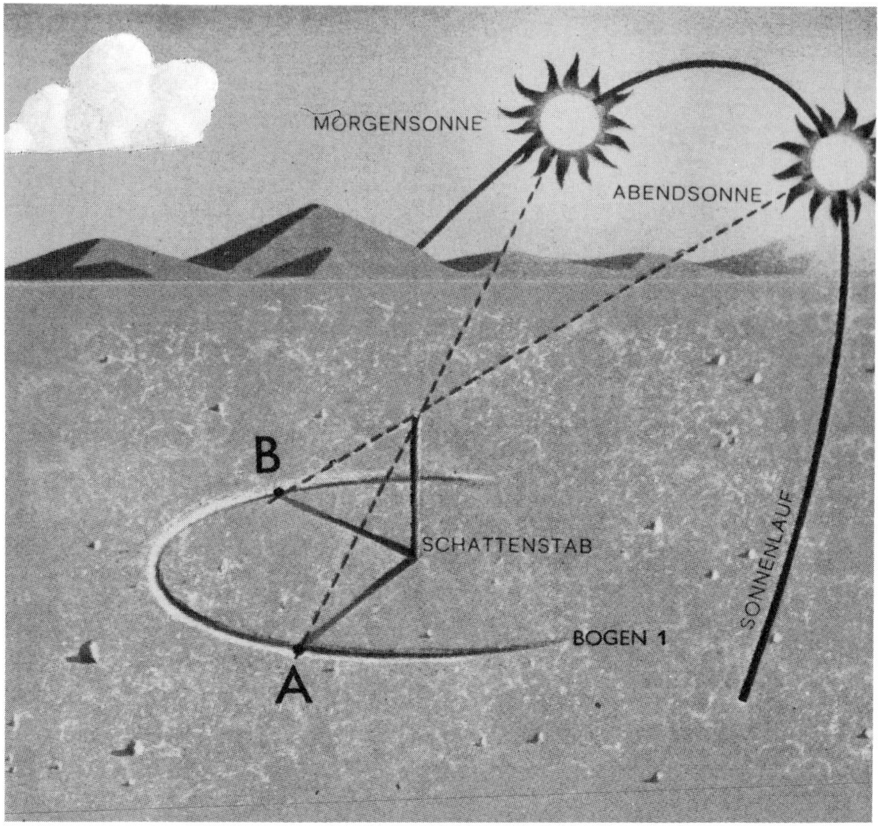

Messen mit dem Schattenstab
A Schattenfall der Morgensonne
B Schattenfall der Abendsonne

durch Beobachtung von einem Festpunkt aus entdeckt, daß die Sonne in ihren Auf- und Untergangspunkten eine auf- und absteigende Bewegung zum Norden oder zum Süden hin macht, bis sie jeweils ihr Solstitium, d. h. ihren Sonnwendort im NO oder SO erreicht. Ebenso verhielt es sich mit den Untergangsorten der Sonne.

Mühlespiel

Silbermünzen von Knossos auf Kreta

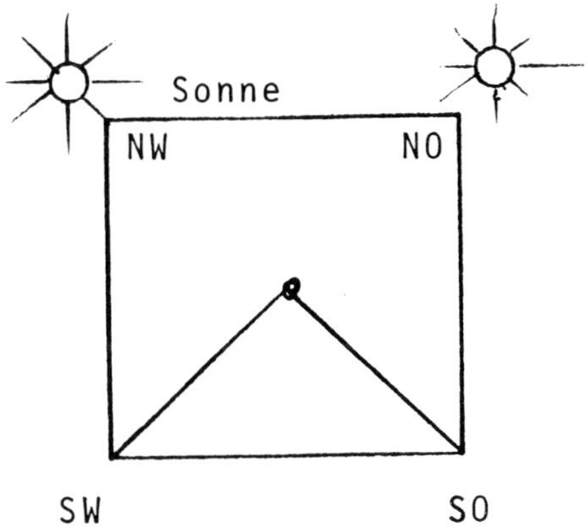

Schattenfall
zur Sommersonnenwende:
Widderhorn

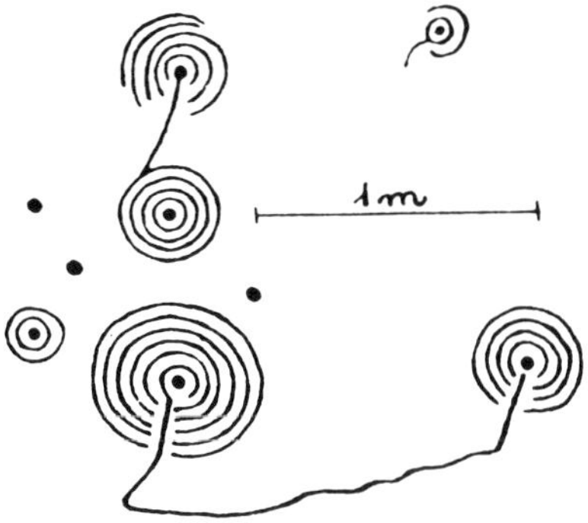

Felsskulpturen vom Pfingsthügel
in Northumberland nach E. Krause

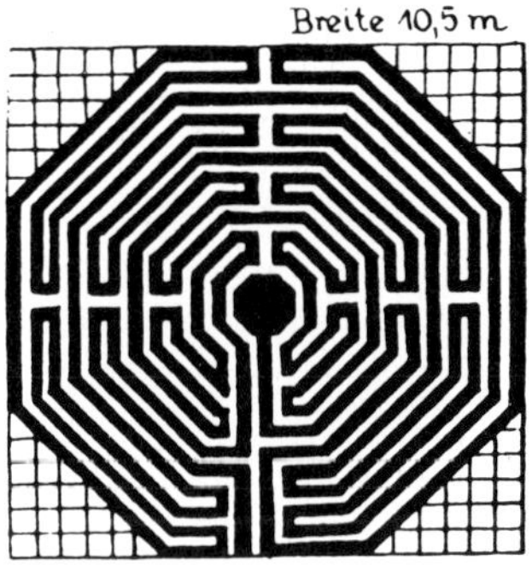

Labyrinth der Pfarrkirche
in St. Quentin

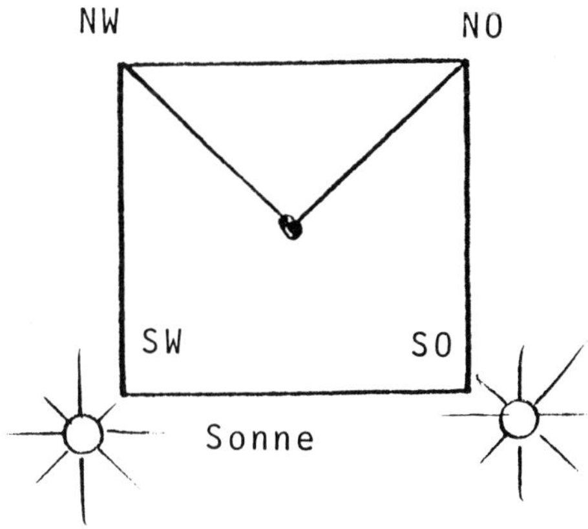

Die Megalithmühle

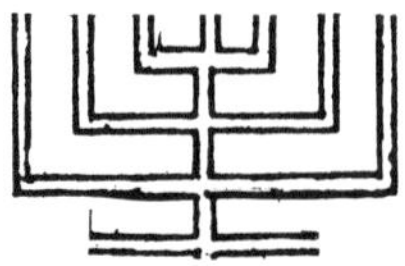

Die Menora als halbe Megalithmühle
Symbol der Zeitmessung und daher der
Wissenden

Schattenfall
zur Wintersonnenwende:
Stierhörner

Rufen wir uns den Eid der Pythagoreer noch einmal ins Gedächtnis, der die Heilige Vier als Quell der Wurzelkräfte immerströmenden Werdens kennt, dann wissen wir, daß die Sonne mit ihren vier Kardinalpunkten als dieser „Quell immerströmenden Werdens“ verstanden wurde.
Nicht minder aber gilt dies auch für den Mond, der als Symbol für Wachsen, Gedeihen, Sterben und Wiedergeburt seit altersher wegen seines ständigen Gestaltwandels, seiner Beziehung zum Weiblichen mit seinem 28tägigen Umlauf galt. Er war Inbegriff für Tod und Wiederkehr, Inbegriff des Wachsens und Gedeihens, Inbegriff des ewigen Lebens.

Der Lehrsatz des Pythagoras

Rufen wir uns kurz den Lehrsatz des Pythagoras ins Gedächtnis, wie wir ihn von der Schule her kennen: „Bei einem Dreieck mit einem rechten Winkel ist die Summe der beiden Quadrate über den Katheten gleich der Summe des Quadrats über der Hypotenuse.“ Oder kürzer: $a^2 + b^2 = c^2$.
Ist aber Pythagoras bei der Bedeutung der Heiligen Vier vom Quadrat ausgegangen, dann hat er mit seinem Lehrsatz mehr im Sinn als es die allgemeine Lehrmeinung erkennen läßt. Wir forschen daher nach der tieferen esoterischen Aussage des Pythagoreischen Lehrsatzes. Zunächst stellen wir fest, daß das rechtwinkelige Dreieck, aus einem Quadrat entwickelt, zwei gleiche rechtwinkelige Dreiecke ergibt, und die Diagonale dieses Quadrats gleich der Hypotenuse beider Dreiecke ist. Gehen wir wie Pythagoras vom Quadrat mit der Seitenlänge 1 aus, dann ergibt sich folgende Entwicklung:

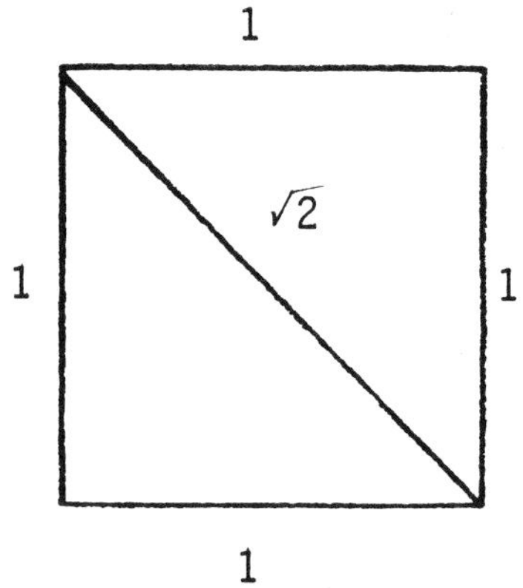

Das Quadrat mit der Seitenlänge 1 hat die Diagonale $\sqrt{2}$. Zugleich sind dies zwei pythagoreische Dreiecke.

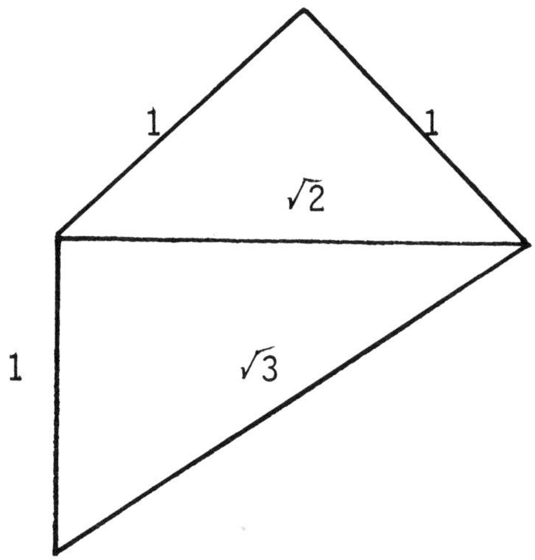

Pythagoras fügte an das so gefundene Dreieck die Seitenlänge 1 im rechten Winkel an, und es ergab sich

Die Ausgangsposition zur Ermittlung aller Wurzeln der natürlichen Zahlen.
Es gilt der Lehrsatz:
$a^2 + b^2 = c^2$
$1 + 1 = 2$: Hypotenuse $= \sqrt{2}$
Für das zweite Dreieck gilt:
$1 + 2 = 3$: Hypotenuse $= \sqrt{3}$
Beim vierten Dreieck und seinen Werten mußte sich nach Pythagoras etwas Wesentliches ergeben: Hier sollte der Schlüssel zum Ordnungsprinzip gefunden werden.

Die Summe der beiden Quadrate über den Katheten ist gleich der Summe des Quadrats über der Hypothenuse, als Formel $a^2 + b^2 = c^2$.
Zum Beispiel: Ein Dreieck hat die beiden Seiten 3 und 4, dann muß die dritte Seite 5 sein; denn die Quadrate ergeben:
$3^2 = 9$ und $4^2 = 16$, $9 + 16 = 25$ $\sqrt{25} = 5$

Die Spiralkurve des Pythagoreischen Dreiecks d 22

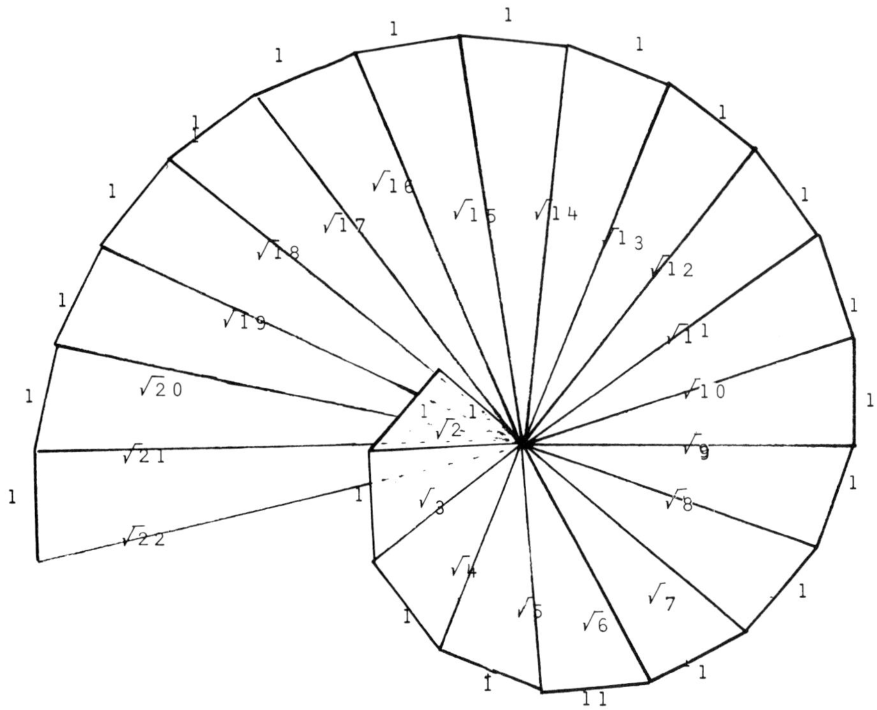

$\sqrt{5}$ = 2,236 068 — 1 = 1,236 068 : 2 = 0,618 ...

Die beiden ersten Hypotenusen der Spiralkurve des Pythagoreischen Dreiecks $\sqrt{2}$ und $\sqrt{3}$ ergeben addiert ungleich die Zahl Pi 3,141 592 7

$\sqrt{2}$ = 1,414 213 6
$\sqrt{3}$ = 1,732 050 8

3,146 264 4

Differenz zu π 0,004 671 3

Das vierte Dreieck dieser Spiralkurve enthält den Schlüssel zum Ordnungsprinzip der Welt. Die Vierzahl war doch jene bedeutende Zahl der Pythagoreischen Lehre: „Wir schwören bei dem, der uns gegeben die hl. Vier . . .“

Dieses Dreieck hat die Seiten:
1, 2 und $\sqrt{5}$
Gliedern wir diese zu einer Aussage, dann ergibt sich:

$$\frac{\sqrt{5}-1}{2} = 0{,}618\,033\ \ldots\ (0{,}62..)$$

Die Spirale

Die Spirale, die Pythagoras mit Hilfe seiner Spiralkurve gefunden hatte, führte ihn in die tiefsten Geheimnisse des Lebens. Und es verwundert nicht, wenn wir erfahren, daß die Spirale das Symbol der Atlanter war.

Schnecken des Meeres
1 Sturmhaube
(Cassis rufa)
2 Roll- oder
Faltenschnecke
(Voluta ellioti)
3 Kegelschnecke
(Conus striatus)
4 Stachelschnecke
(Murex prinzeps)
5 Napf oder
Schüsselschnecke
(Nacella aena)
6/7 Porzellanschnecke
(Cypraea reticulata)
8 Perspektivschnecke
(Solarium perspektivum)
9 Meerohr (Heliotis
tuberculata)
10 Fingerschnecke
(Pterocera aurantia)
11 Harfenschnecke
(Harpa conoidalis)
12 Schnauzenschnecke
(Rostellaria curvirostris)
13 Wendeltreppe
(Scala scalaris)
14 Eckmund
(Trochus maculatus)

Die Reihe vom Goldenen Schnitt

Diese Reihe ist so genannt, weil sie sich ohne Rechnen mittels Schnitten aus dem Quadrat ergibt und ebenfalls eine pythagoreische Leistung darstellt.

Wiederum geht Pythagoras bei der Ermittlung der sympathischen Zahlenreihe vom Quadrat aus. Diesmal jedoch wählt er das Quadrat mit der Seitenlänge 2, halbiert dies zu zwei Rechtecken mit den Seitenlängen 2 und 1. Dann zieht er die Diagonale.

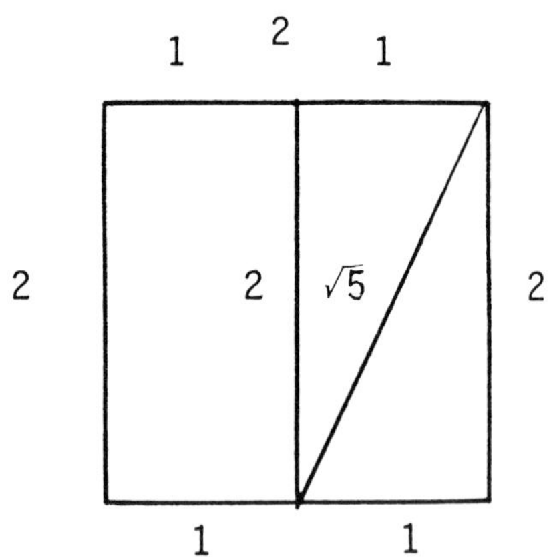

Wir erhalten auf diese Weise die gleichen Werte wie im vierten Dreieck der Pythagoreischen Spiralkurve und folglich die gleiche Formel:

$$\frac{\sqrt{5}-1}{2} = 0{,}618 \ldots$$

Die nun folgende Zahlenreihe, genannt die Reihe vom Goldenen Schnitt, ist deswegen die sympathische Reihe genannt, weil sie das Ordnungsprinzip in sich enthält, nach welchem in der Natur das Prinzip Schönheit vollzogen wird. Die Reihe vom Goldenen Schnitt ergibt sich aus der Addition der jeweils beiden letzten Zahlen der Reihe. Wir beginnen mit 0 (Null), so ergibt sich:

0 1 1 2 3 5 8 13 21 34 55 usw.

Diese Reihe zeigt eine weitere Besonderheit. Nehmen wir mit einem beliebigen Beginn jeweils eine Dreiergruppe von Zahlen, dann ist das Ergebnis in der Multiplikation der beiden Eckzahlen im Wechsel jeweils eins mehr oder weniger als das Quadrat der jeweils mittleren Zahl:

3 5 8 = 3 x 8 = 24, 5^2 = 25,
5 8 13 = 5 x 13 = 65, 8^2 = 64,
8 13 21 = 8 x 21 = 168, 13 = 169
usw.

Mit dem Ziel zur optimalen Ausnutzung des Sonnenlichts ordnen die Pflanzen ihre Zweige, Blätter und Blüten dergestalt an, daß wir in dieser Anordnung immer den Goldenen Schnitt als Ordnungsprinzip aufspüren können.
Die Samen der Sonnenblume sind in rechts- und linkswendige Spiralen angeordnet, deren beide Summen immer der Aufeinanderfolge derjenigen Summen vom Goldenen Schnitt entsprechen: 34 : 55 oder 55 : 89, 89 : 144 usw.
Genauso ordnet die Margeritenblüte ihren Samen an.
Im Pinien- wie im Fichtenzapfen zählen wir immer 8 : 13 Windungen.

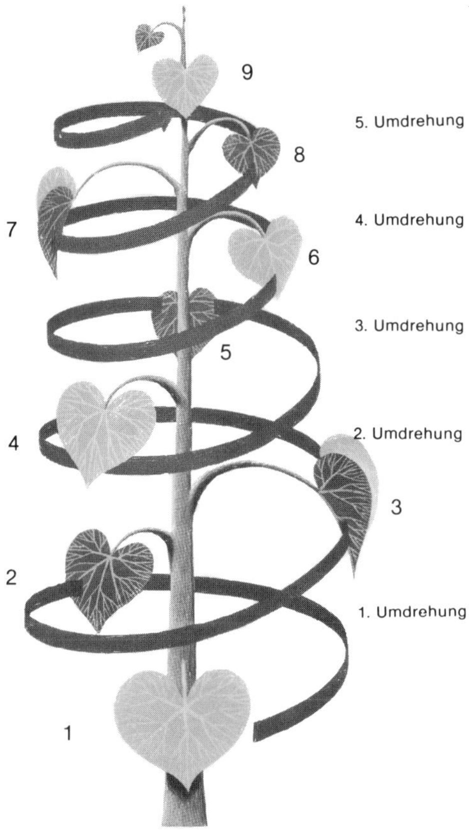

Muschel des Nautilus

Die Samen der Sonnenblume sind in Spiralen angeordnet, die sich aus dem Mittelpunkt herauswinden.

Der Goldene Schnitt in der Anordnung der Blätter am Zweig
Beginnen wir bei einem Blatt, und zählen wir die Umwindungen, bis wir wieder ein Blatt genau über dem ersten Blatt haben, dann zählen wir 5 Windungen zu 8 Zwischenabständen

$$\frac{\text{Zahl der Umdrehungen}}{\text{Zahl der Zwischenräume}} \quad \frac{5}{8} = 5 : 8$$

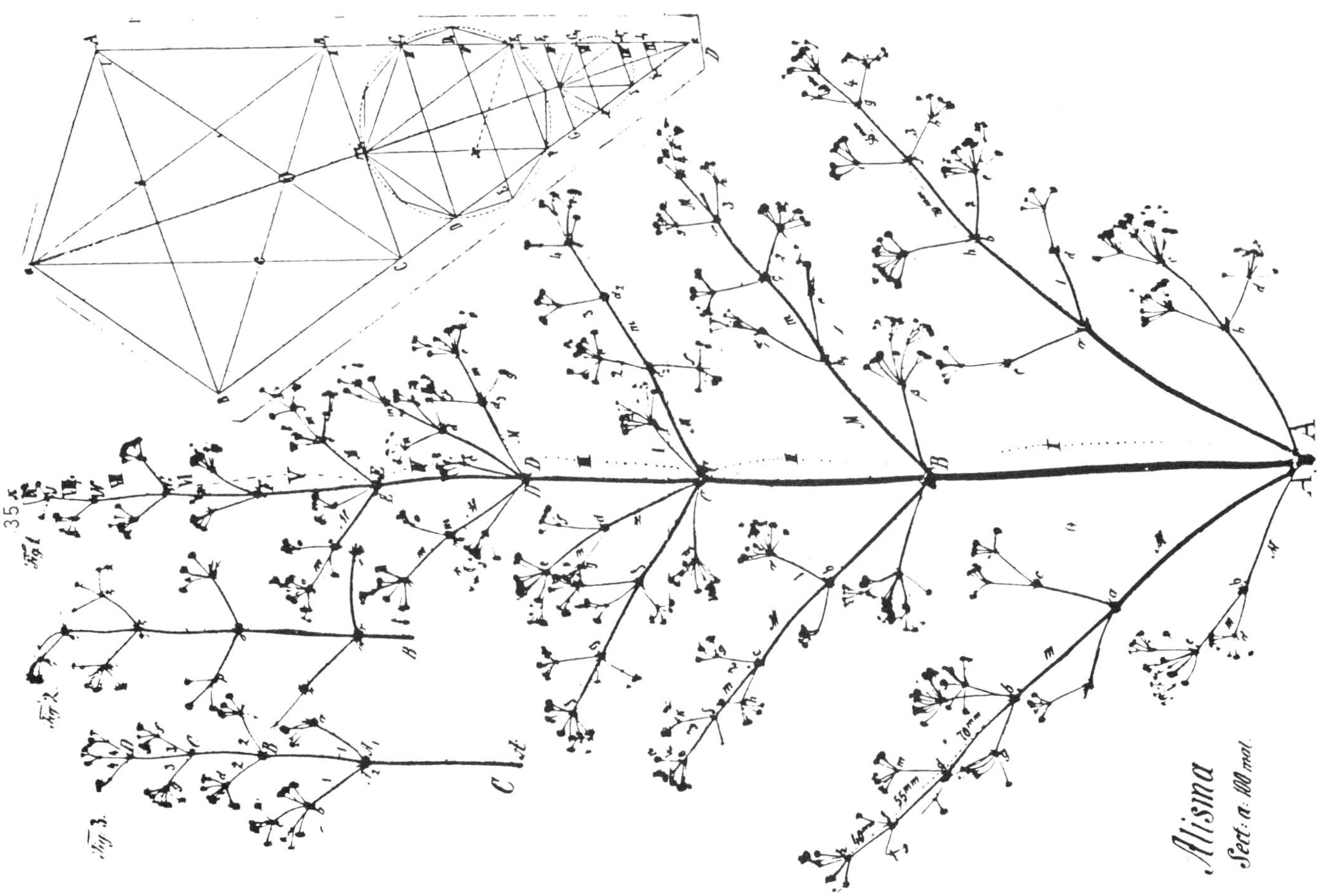

Nehmen wir eine Pflanze im Wuchs, so ist ihm das
Pentagramm eingeschrieben.

Das Pentagramm und die Venus

Das Pentagramm, der Fünfstern, spielt im frühen Altertum eine bedeutende Rolle, er galt als Schlüssel der Weisheit.

Und diesen Fünfstern schreibt uns die Venus in acht Jahren an den Himmel. Beobachten wir z. B. die obere Konjunktion zur Sonne, das ist der Durchgang der Venus hinter der Sonne, dann ergibt sich:

Mit der oberen Konjunktion zur Sonne in dem Sternbild der Zwillinge begann am 24. Juni 1952 die Beobachtungszeit, die um 2 Tage früher am 22. Juni 1960 wieder in den Zwillingen den Fünfstern schließt.

Die Ausbildung des Fünfsterns über acht Jahre liegt in der Reihe vom Goldenen Schnitt, nämlich Fünfstern in 8 Jahren 5 : 8.
Aber mehr noch: der Fünfstern schneidet 10 x den Goldenen Schnitt:

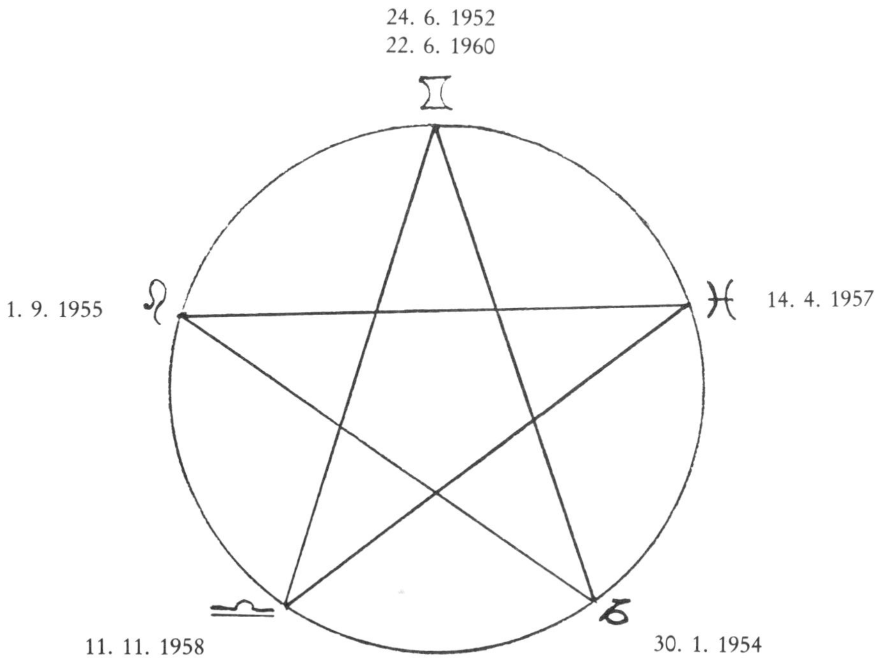

Das Pentagramm der Venus

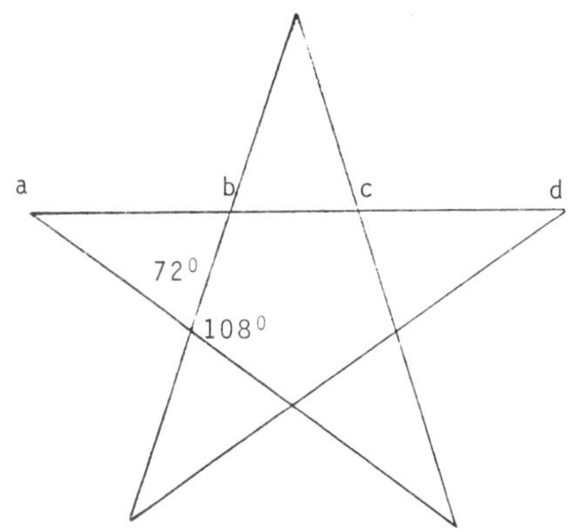

Die Strecken a — b und b — d, wie d — c und c — a verhalten sich zu einander wie 2 : 3. Gleichzeitig haben wir 10 x die Winkel 72° und 108°, das ist noch einmal das Verhältnis 2 : 3; denn 72 ist 2 x 36 und 108 ist 3 x 36.

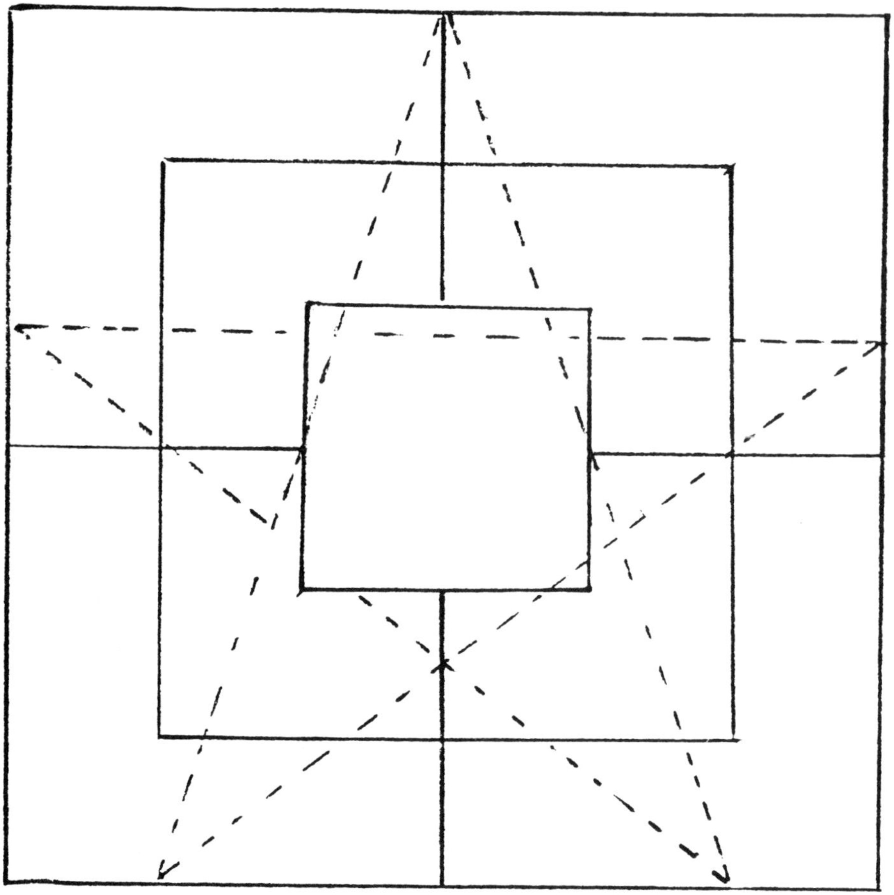

Die Megalithmühle und die Venus-Beobachtung

Wählen wir zur Venus-Beobachtung nun das aus der ursprünglichen Sonnenbeobachtung des Megalith gewonnene Quadrat, dann ergibt sich folgendes Bild der Beobachtung:

Die Venus-Beobachtung mit Hilfe der Megalithmühle. Die 3 Quadrate sind nach dem Goldenen Schnitt ineinander geschachtelt, so ergeben sich die oberen Konjunktionen der Venus entsprechend der zuvor gezeigten. Der Fünfstern schneidet jeweils die Quadrate und die Diagonalen an bedeutenden Schnittpunkten.

Die Megalithmühle und die Venusbeobachtung gibt uns eine Erklärung dafür, warum man die Venus im Megalith und im ganzen Altertum als Göttin der Weisheit verehrte.

Permenides, ein Schüler des Pythagoras, schildert in einem Gedicht seine Himmelfahrt auf feurigem Roß bis zur Göttin der Weisheit, aus ihrem Munde letzte Weisheit zu erfahren, diese besteht in folgendem Spruch:

Nichtsein ist nicht.
Es gibt nur ein SEIN.

Pythagoras sah in seinem Lehrsatz mehr als nur die Berechnungsgrundlage von einem Dreieck mit einem rechten Winkel, es war für ihn der Schlüssel zum Geheimnis der Natur.

Fünfstern und Fünfzahl waren denn auch der Venus zugeordnet, sie galt als Göttin der Weisheit, offenbart sie doch in ihrem Umlauf im Hinblick auf den Umlauf der Erde ebenfalls den Goldenen Schnitt:

Venusumlauf	Erdumlauf
224,7 Tage	365,2422 Tage

gerundet.

225 : 365 = 0,616 438 3 ...

ziemlich genau die Verhältniszahl vom Goldenen Schnitt, die Zahl Φ 0,618 ... Man kann Umlauf- und mittlere Sonnenabstandswerte der Venus in harmonikale Werte zerlegen. Aus diesen lassen sich mühelos die Werte der anderen Planeten ermitteln. Z. B. hat die Venus einen mittleren Sonnenabstand von 108,21 Mill. km, die Erde 149,6 Mill. km und der Merkur 57,91 Mill. km. Damit der Leser unserem Gedankengang folgen kann, geben wir hier die Intervalltabelle, d. h. die harmonikalen Verhältniswerte unserer Töne:

Das Pentagramm als Konstruktionsgrundlage der Rosenblüte

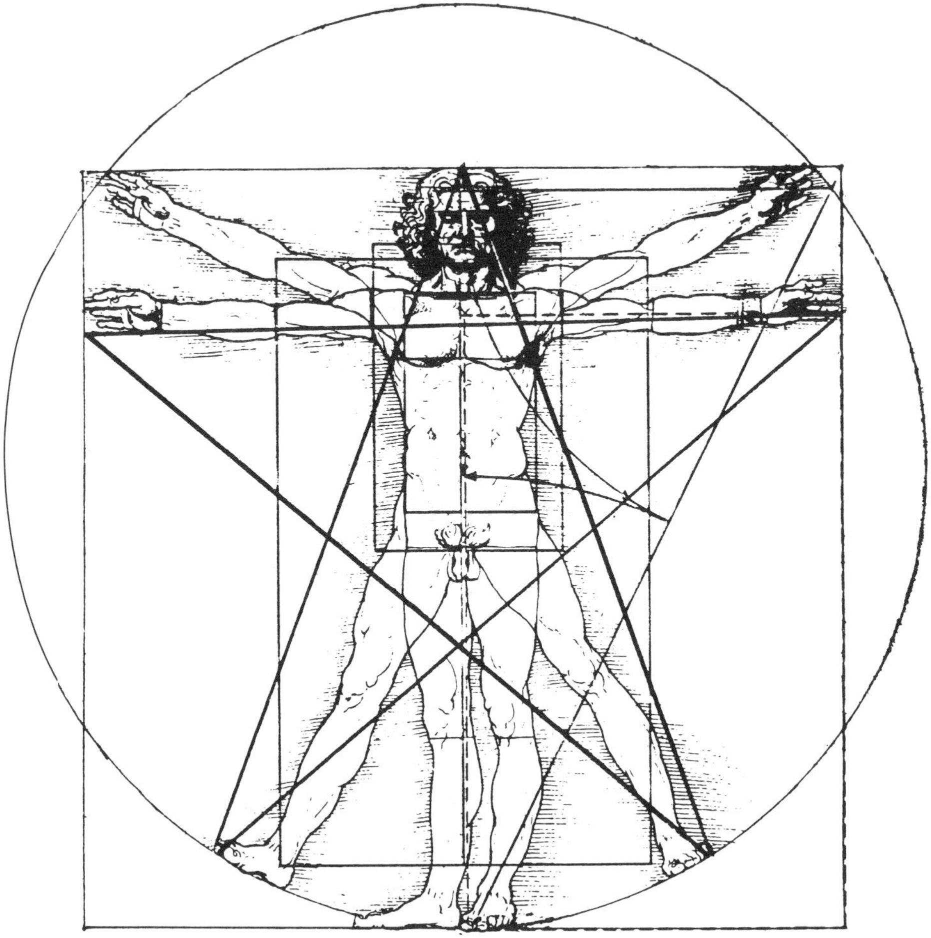

Leonardo da Vinci

Leonardo hat die Proportionen des menschlichen Körpers studiert und fand, daß sie dem Gesetz vom Goldenen Schnitt gehorchen.

Intervalltabelle

Die Prime hat den Wert	= 1
die Oktave	= 2
die Quinte	= 1,5 (3)
die Quarte	= 1,333.. (3/4)
die gr. Sexte	= 1,666..
die gr. Terz	= 1,25
die kl. Sexte	= 1,6
die kl. Septime	= 1,8
die gr. Sekunde	= 1,133..
die gr. Septime	= 1,877
die kl. Sekunde	= 1,0633
der Tritonus	= 1,71875

Die Intervalltabelle zeigt die harmonikalen Werte unserer Töne, d. h. die Verhältniszahlen, welche von dem einen zum anderen Ton durch Multiplikation führen. Z. B. die Note c' hat die Frequenz 256 Hz. Multiplizieren wir diese mit 1,5, so erhalten wir die Quinte zu c':
c' 256 x 1,5 = 384 = g' 384 Hz.
Multiplizieren oder dividieren wir den mittleren Sonnenabstand der Venus durch einen harmonikalen Wert unserer Intervalltabelle, so ergibt sich der mittlere Sonnenabstand eines anderen Planeten:
Venus 108,21 : 1,877 = 57,650
Der mittlere Sonnenabstand des Merkur beträgt: 57,91 Mill. km.

Ermitteln wir nun die gr. Sekunde der Venus nach unten:
108,21 : 1,133 = 95,482 ...
Zählen wir diesem Wert die halbe Umlaufzeit hinzu, was der Oktave gleich kommt, nämlich 2 hat den Wert der Oktave. Ob wir multiplizieren oder dividieren, immer gibt das Doppel oder die Hälfte die Oktave des Grundwertes.
Schauen wir einmal, was diese Rechnung ergibt:
95,482 + 54,105 = 149,587.
Das entspricht dem mittleren Sonnenabstand der Erde mit 149,6 Mill. km.
Addieren wir die Quinte und die gr. Sexte der Venus, erhalten wir ziemlich genau den mittleren Sonnenabstand des Mars.
Mars = 227,9 Mill. km.

Venus	Quinte	162,315
	gr. Sexte	64,951 981 =
		227,267

Der Goldene Schnitt in den Umlaufzeiten der Planeten

In den Umlaufzeiten der Planeten unterscheiden wir zwischen der
1. siderischen und
2. der synodischen Umlaufzeit.
Die siderische Umlaufzeit ist die tatsächliche Umlaufzeit des Planeten oder Himmelskörpers bis zur Rückkehr zum selben Stern, man nennt dies die siderische Umlaufzeit, daher Sternenzeit, und die synodische Umlaufzeit, sie ist die scheinbare Umlaufzeit, die infolge der Eigenbewegung der Erde zustande kommt. Diese beiden Zeiten aber stehen im Verhältnis vom Goldenen Schnitt. Hier einige Beispiele:

Synodische Umlaufzeiten

1 Jupiter	+	2 Erde	=	3 Saturnumläufe
2 Jupiter	+	3 Erde	=	5 Saturnumläufe
3 Jupiter	+	5 Erde	=	8 Saturnumläufe
5 Jupiter	+	8 Erde	=	13 Saturnumläufe
8 Jupiter	+	13 Erde	=	21 Saturnumläufe
13 Jupiter	+	21 Erde	=	34 Saturnumläufe

Die Reihe läßt sich beliebig fortsetzen, sie beginnt mit 1 Jupiter + 2 Erde = 3 Saturn, dann ergibt sich daraus, daß
55 Jupiter + 89 Erde = 144 Saturn ergeben.
Der Mond in seiner synodischen im Verhältnis zur siderischen Umlaufzeit

1 Jahr	=	12 syn.	+	1 sid.	=	1
2 Jahre	=	25 syn.	+	2 sid.	=	2
3 Jahre	=	37 syn.	+	3 sid.	=	3
5 Jahre	=	62 syn.	+	5 sid.	=	5
8 Jahre	=	99 syn.	+	8 sid.	=	8
13 Jahre	=	161 syn.	+	13 sid.	=	13
21 Jahre	=	260 syn.	+	21 sid.	=	21
34 Jahre	=	420 syn.	+	34 sid.	=	34

usw.

Das Mondjahr ist 11 Tage kürzer als das Sonnenjahr. Auch darin erkennen wir eine wunderbare Ordnung, die wir auf folgende Weise ermitteln:

Teilen wir 1 durch Phi: 1 : 0,618 ... = 1,618
Teilen wir dieses Ergebnis durch die Zahl Pi

1,618 ... : 3,141 ... = 0,515 12 ...
Diese Zahl nehmen wir mal 2
0,515 12 ... x 2 = 1,030 ...
Nun teilen wir abgerundet das Sonnenjahr durch das Mondjahr:
365 : 354 = 1,031

Sonnen- und Mondjahr stehen im Verhältnis zueinander wie die Goldene Zahl zur Kreiszahl 1,030 ...

Die Cheopspyramide und das Wissen des Pythagoras

Pythagoras weilte lange Zeit in Ägypten und hier besonders in und an der Cheopspyramide. Von dieser überliefert eine Inschrift, die uns der arabische Forscher Sadu-El-Balchi übersetzte: „. . . daß Surid, König der Atlanter, als Bauherr der Großen Pyramide, den Baumeistern den Auftrag erteilte, diesem Bauwerk all ihr geometrisches und astronomisches Wissen einzuverleiben.“ Eine in Stein niedergelegte Überlieferung hohen himmelskundlichen und erdvermessungstechnischen Wissens.

Der Umfang der Cheopspyramide an ihrer Basis mißt 940 m, ihre Höhe 149,6 m, ihr Neigungswinkel 51 ° 51' 14,32".
Stellen wir diesen Werten geometrische Werte gegenüber, dann ergibt sich:
der mittlere Sonnenabstand der Erde beträgt 149,6 Mill. km;
die Länge der Erdbahn 940 Mill. km;
die Externsteine im Teutoburger Wald liegen auf der nördlichen Breite 51 ° 51' 14,32".

Das hohe himmelskundliche Wissen und die Seetüchtigkeit der Atlanter bestätigen viele Griechen: Strabo, Prokop, Hekatäos, Platon, Pythagoras, Diodor u. a.
Diodors Ausspruch sei stellvertretend für viele andere hier zitiert: „Atlas, der König der Atlanter, hat mit großem Scharfsinn die Bahnen der Gestirne und die Straßen des Meeres erforscht und erkannt, daß die Erde mit schräg gestellter Achse zu ihrer Umlaufbahn die Sonne umkreist und solchermaßen die Jahreszeiten verursacht. Da er all dies die Seinen lehrte, entstand daraus die Sage, daß Atlas das Weltall auf seinen Schultern trage.“
Für uns heißt dies, daß sich hinter jeder Legende in der Regel eine realnatürliche Mitteilung verbirgt. In diesem Falle die, daß die Atlanter in der Himmelskunde erfahren waren und diese zur Seefahrt zu nutzen wußten, und daß sie zur See gefahren sind und die Meeresstraßen kannten: Zwangskurse, Passagen, Durchfahrten, günstige Zeiten mit guten Winden, ungünstige mit schlechten Winden usw.
Hinzu kommt die Tatsache der Beobachtung, die ihre Kenntnisse bestätigten:
jenseits des Äquators fällt der Schatten in die andere Richtung, die Sonne läuft anders herum, und der nördliche Sternenhimmel steht auf dem Kopf.
Außerdem führt die Reise immer zum Ausgangspunkt zurück, wenn man konstant Kurs zum Osten oder Westen hält.
Ist nun die Cheopspyramide ein Bauwerk der Atlanter, wie es jene Inschrift besagt, dann müßte die Cheopspyramide zum bereits angeführten himmelskundlichen und geometrischen Wissen weiteres Wissen enthalten. Und das ist in der Tat so.
Auf rein zeichnerischem Wege lassen sich aus dem Basiswert der Cheopspyramide mit Hilfe vom Goldenen Schnitt die Planetendurchmesser ermitteln.
Der Vermessungsingenieur Johann Polixa hat dies in seiner kleinen Schrift *Die Sprache der Steinpyramide* nachgewiesen.

Der Goldene Schnitt in der Cheopspyramide

AH = x = AC
HB = y
x + y = 1
$X^2 = y$
CB = $\sqrt{x}$
II/4 = $\sqrt{x}$

Die Sprache der Steinpyramide

Der aus den 2 Seitenflächen der Pyramide abgeleitete Kreis (R 130,124) wird durch 3 Innenkreise, wie das Bild auf Seite 36 zeigt, geteilt.
Die 3 Innenkreise, welche ich kurz Iriskreise nenne, symbolisieren den während eines Erdenjahres von der Erde beobachteten 3maligen Umlauf des Merkur um die Sonne.

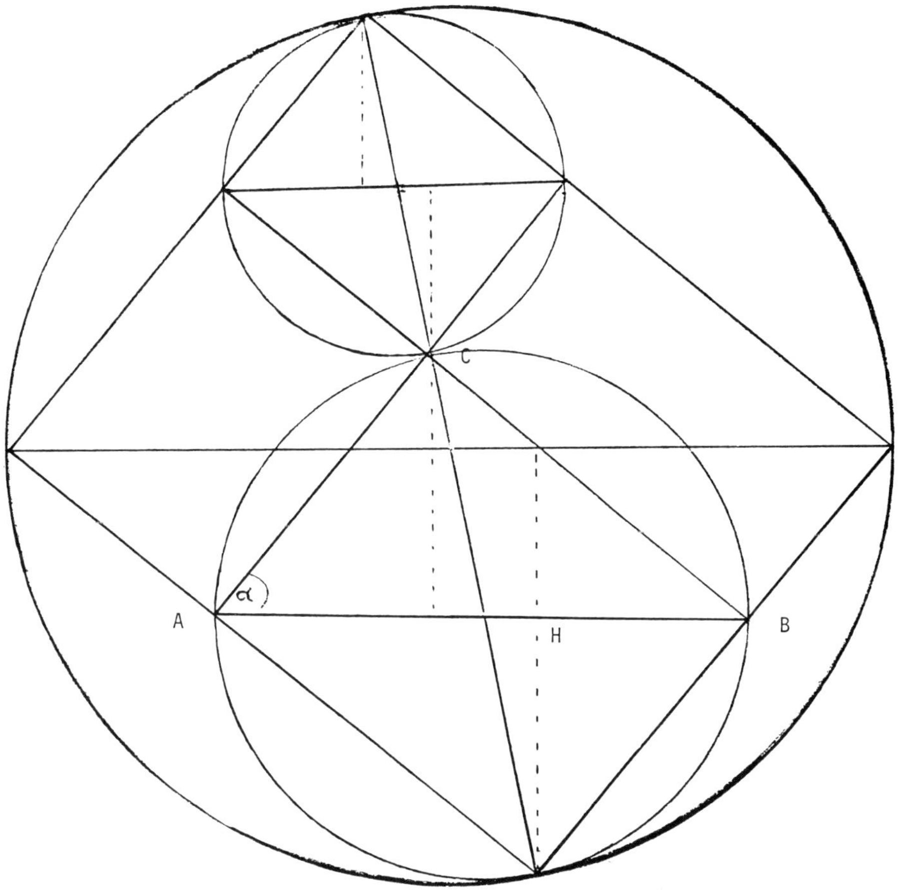

Goldener Schnitt in einem Kreis:
Winkel α = 51° 51' 14.32"

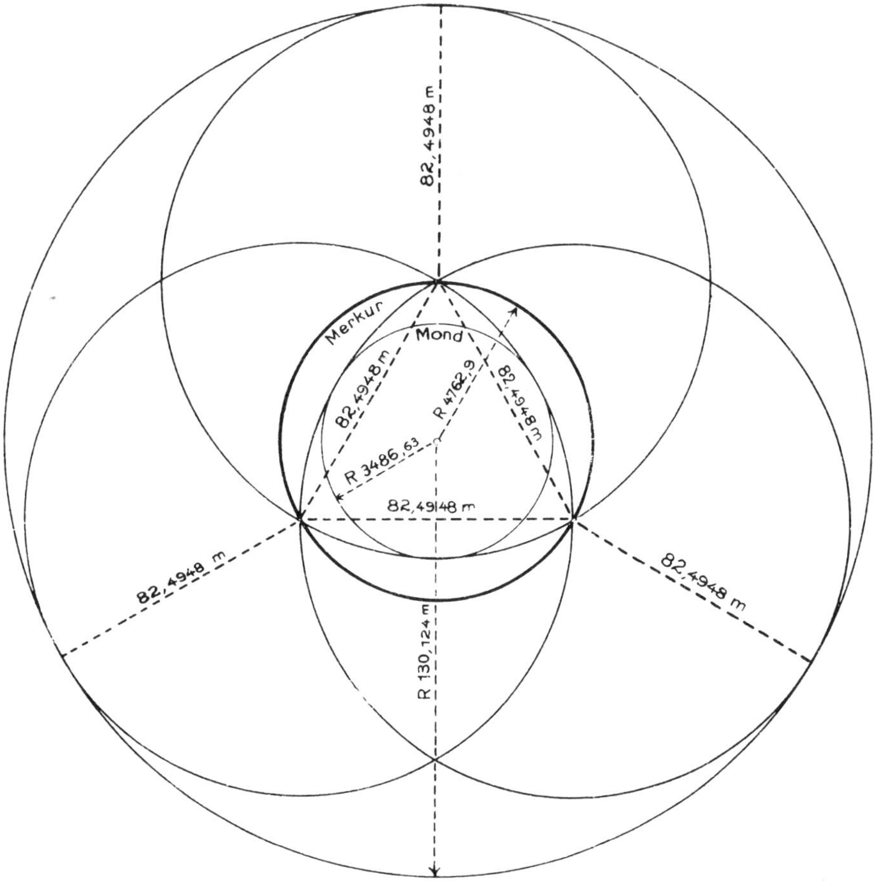

Durchmesser Merkur und Mond

Anmerkung: Der Durchmesser des Merkur ist astronomisch bestimmt 4780 km = + 17 km Differenz.
Der Durchmesser des Mondes = 3480 km = — 6,6 km Differenz.

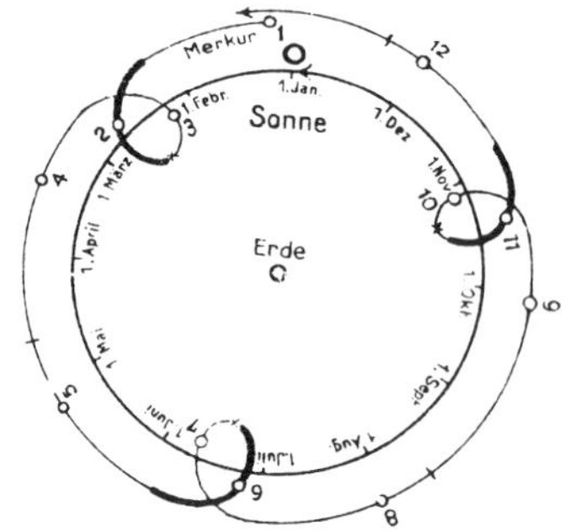

Der *Durchmesser des Merkur* =
130,124 m —
82,4948

47,629 . 10^5 = 4762,9 km
(wobei 1 cm der Pyramide = 1 km bedeutet). Um das dauernde Multiplizieren zu ersparen, wollen wir die aus der Pyramide ermittelte Zahl R 130,124 . 10^5 nehmen und erhalten dann alle aus 13012,4 km abgeleiteten Zahlen als die gesuchten Größen.

8249,5 km = (R Iriskreis) — Merkur 4762,9 km = 3486,6 km Durchmesser des Mondes. — Diesen Kreis nenne ich Pupille.

Frage:
Warum werden die Radien und nicht die Durchmesser der vorstehenden Kreise als Durchmesser von Himmelskörpern angesehen?

Antwort:

1) Das Bild auf Blatt 2 sagt uns: nur 2 Seitenflächen sind zu meiner Darstellung nötig gewesen = 1/2 Pyramide, benutze also auch nur die Halbmesser. 2) Es soll aus diesem und den folgenden Bildern nicht geschlossen werden, daß hieraus die Ableitung der Größenverhältnisse der Pyramide erfolgte.

Durch die weitere Darstellung von 3 Iriskreisen, insgesamt: durch 6 Iriskreise und ihre Schnitte wird der Durchmesser des Mars bestimmt.

Berechnung:

Mond und Merkur = $8249{,}48^2$

(— Merkur) $- 4762{,}9^2$

$\sqrt{} = 6735{,}67$ km

Die Schnitte bei a - a und b - b geben die Lage der im Bild Bl. 2 dargestellten Pyramidenseite roh an. (Differenz 0,07 m).

Anmerkung:

1. Marsdurchm. astron. = 6740 km
   Differenz = + 4,33 km
2. Auffallend ist es, daß die links erwähnte Differenz von 7 cm im gleichen Verhältnis zu der auf Bl. 2 ersichtlichen Differenz zwischen 1/2 Seitenlänge und Zwischenentfernung der beiden Seitenlängen steht.

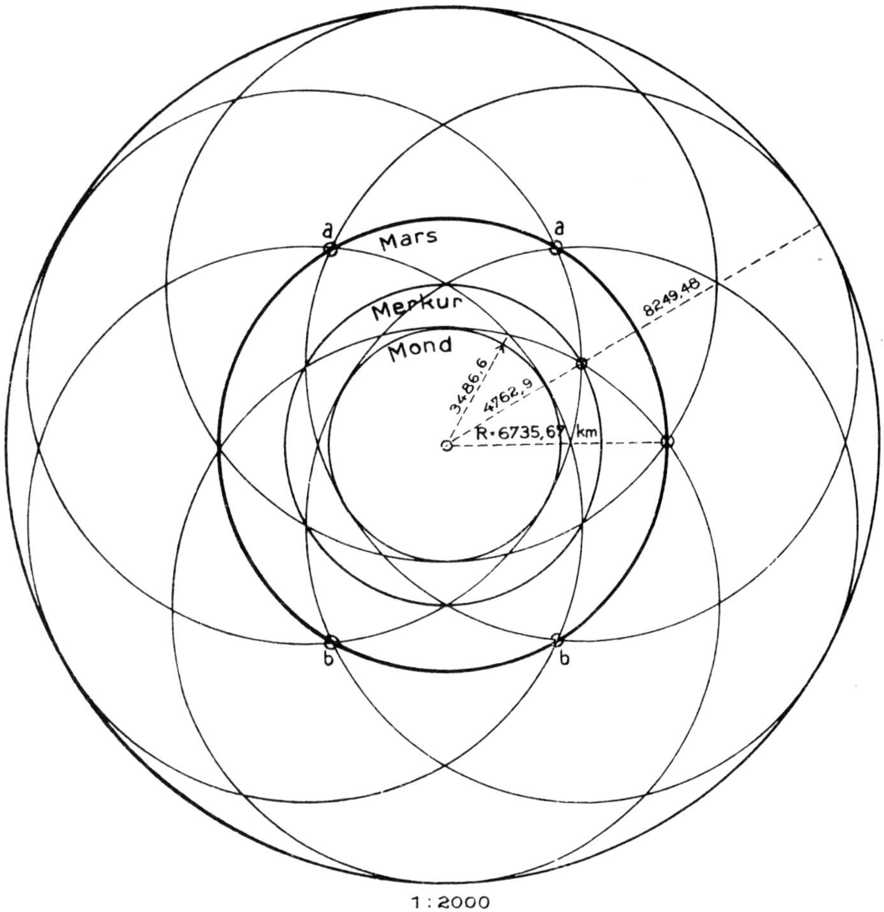

Durchmesser des Mars

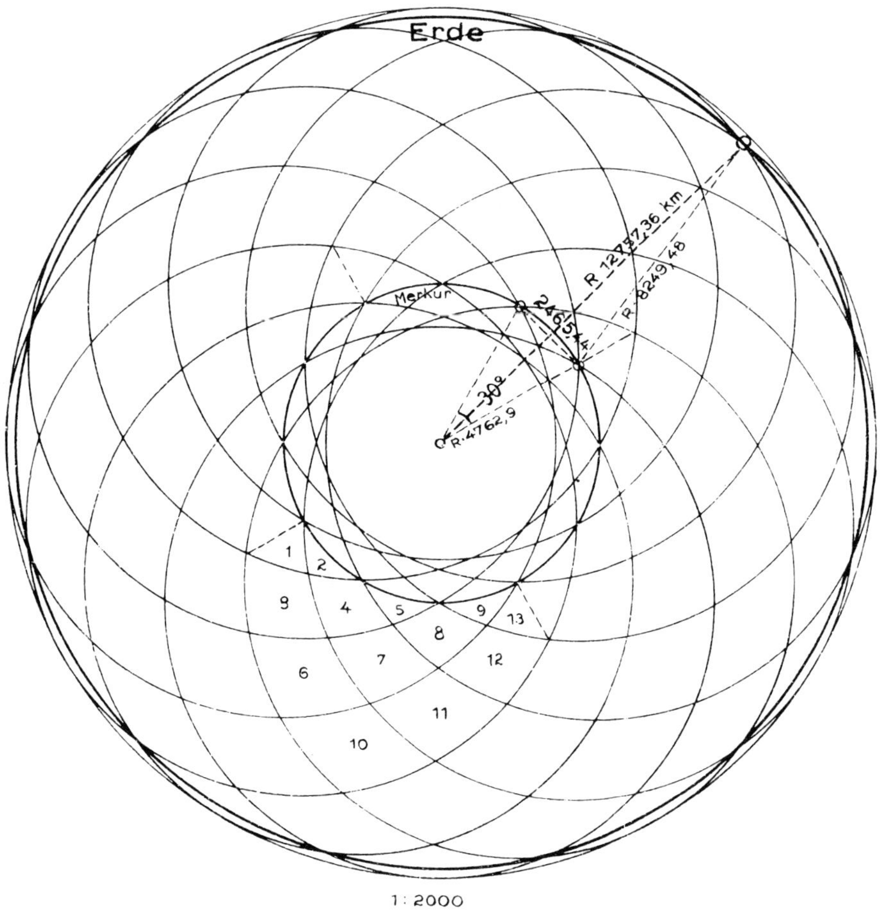

Durchmesser der Erde

Durch Verdoppelung der Kreise und ihre 12 Schnitte wird der Durchmesser der Erde bestimmt. Berechnet ist die Sehne bei 30° für den Rad. 4762,9 = Durchm. d. Merkur.

Demnach

$$\sqrt{4762{,}9^2 - 1/2\ \text{Sehne}\ 1232{,}7^2)} + (\sqrt{8249{,}48^2 - 1232{,}7^2} = 12757{,}35.$$

Die Zahl 8249,48 setzt sich aus dem Durchmesser des Mondes und des Merkur zusammen. Der Durchmesser der Erde ist folglich aus den Durchmessern des Merkur und des Mondes abgeleitet. Dieses Bild ist die Grundlage unserer gesamten Zeitordnung.

Der Durchmesser der Erde beträgt nach Bessel 12754,80 km. Differenz rd. 2,6 km.

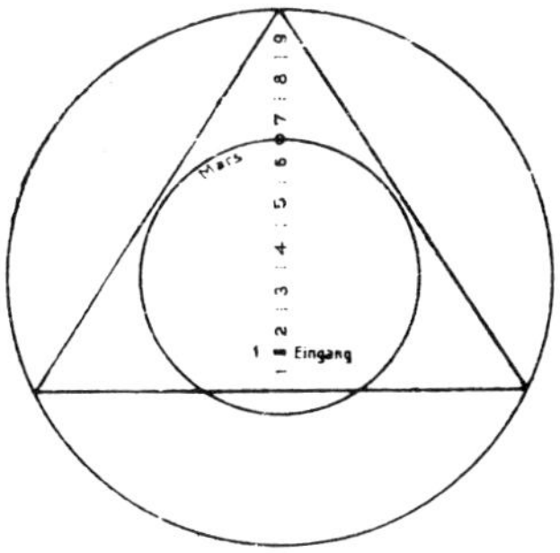

Das menschliche Auge (Iris und Pupille), das alles grobstoffliche wahrnimmt und dem Geist übergibt.

$$\frac{\text{Erddurchmesser}}{\text{1 Milliarde}} = \text{Auge.}$$

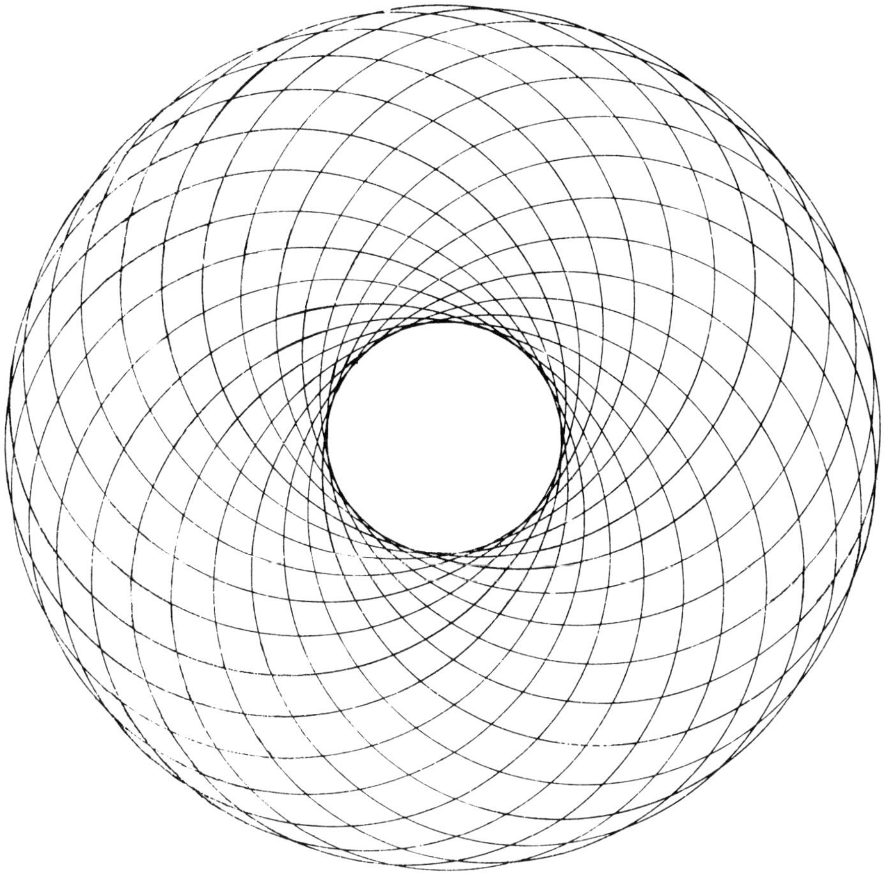

Das menschliche Auge

Formel: Auge x 10 Finger = Erde

Maßstab für Planetendurchmesser: 1: 100 000 000
Maßstab für den Durchmesser des menschlichen Auges: 10:1

Die Tetraktys des Pythagoras

Tetra gr. heißt vier. Wir entsinnen uns der Eidesformel auf die Heilige Vier in Beziehung zum Quadrat und über dieses zur Sonnenbeobachtung des Altertums. In diesem Zusammenhang stellt uns Pythagoras zwei verschiedene Tetrakten, Zahlenfolgen von je vier Zahlen vor. Und jede dieser Zahlenfolgen haben eine eigene Aussage.
Die erste Tetraktys hat die Zahlenfolge
1 2 3 4,
die zweite
6 8 9 12.
Addieren wir die Glieder der ersten Tetraktys: 1 + 2 + 3 + 4, so erhalten wir 10.
Schreiben wir ihre Glieder aber einfach nebeneinander und folgen wir der Erkenntnis Albert v. Timus': „Spätestens z. Z. des Pythagoras kannte das Altertum die Bruchrechnung", heißt es doch im Timaios des Platon, der sich auf Pythagoras bezieht und die Tonleiter wie deren Ordnungsprinzip der Zahlen enthält: „Gott nahm ein Teil von einem Teil und fügte die Teile wieder dergestalt zusammen, daß es ein Ganzes wurde . . ."

Schreiben wir also die Zahlen der ersten Tetraktys nebeneinander, dann erhalten wir:
1 2 3 4 = 1/2, 2/3, 3/4 =
1/2 = Oktave
2/3 = Quinte
3/4 = Quarte

Wir faßten die Tetraktys einfach in ihren Zahlenwerten zusammen zu Brüchen und erhielten wichtige musikalische Aussagen, nämlich die Oktave, die Quinte und die Quarte. Für in der Musiktheorie Nichtbewanderte sei noch einmal angeführt, daß der doppelte oder der halbe Wert einer Frequenz zur Oktave führt, der 2/3-Wert oder dessen Umkehr 3/2 zur Quinte und 3/4 wie dessen Umkehr 4/3 zur Quarte.
Multiplizieren wir nun die Glieder der ersten Tetraktys, dann erhalten wir:
1 x 2 x 3 x 4 = 24
die Anzahl der Stunden eines Tages.
Multiplizieren wir, wobei wir die 1 außer acht lassen dürfen, da dies den gleichen Wert ergäbe, so ergibt sich:
2 x 3 = 6
2 x 4 = 8
3 x 4 = 12
Damit erhalten wir außer der 9 die Zahlen der zweiten Tetraktys:
6 8 9 12
Verfahren wir nach dem gleichen Schema wie mit der ersten Tetraktys:
6/8, 8/9, 9/12, dann schreiben wir
3/4 8/9 3/4.
Doch fahren wir fort, dann ergibt sich:

6/12	=	1/2	Oktave
6/9	=	2/3	Quinte
6/8	=	3/4	Quarte
8/9	=	8/9	Sekunde
8/12	=	2/3	Quinte
9/12	=	3/4	Quarte

Die zweite Tetraktys enthält somit: Oktave, Quinte, Quarte, Sekunde (Ganzschritt), Quinte und Quarte. Dabei erscheinen Quinte und Quarte gleich zweimal.
Aber damit nicht genug, beide Tetrakten führen uns in kosmische Zusammenhänge. „Nach dem Ordnungsprinzip der Zahlen lassen sich alle Phänomene kosmischer Größe erkennen." So Pythagoras. „Denn die Zahl ist das Wesen aller Dinge."

Die beiden Tetrakten und die Präzession

Die Präzession ist auch das Platonische Jahr genannt und umfaßt einen Zeitraum von 25 920 Jahren.
Dieser Zeitraum bezeichnet die Umlaufsdauer des Frühlingspunktes durch den Tierkreis.
Der Frühlingspunkt hat eine jährliche Bewegung von 20 m und 23 s, und zwar bleibt der Frühlingspunkt gegenüber der Sonne im jährlichen Lauf zurück.
Die Astronomie nennt diese Bewegung des Frühlingspunktes „vorrückend", weil er sich im Tierkreis etwa vom 20. Grad auf den 19. vorverlegt usw. In 72 Jahren macht diese „vorrückende" Bewegung des Frühlingspunktes ein ganzes Grad aus.
Wir kommen an geeigneter Stelle auf diese Bewegung später zurück, nämlich dann, wenn es darum geht, zu erkennen, was als real-natürlicher Hintergrund hinter den Aussagen der Religion steht. Hier ist uns einstweilen die Summe eines vollen Umlaufs von 25 920 Jahren wichtig.
Inwieweit verweisen auf diese Präzession die beiden Tetrakten des Pythagoras?
Wir halten fest: 2 Tetrakten mit je unterschiedlichen Zahlenfolgen; die erste in der Addition 10, die zweite in der Multiplikation (die Multiplikation ist die erste Steigerung der Addition) ergibt
6 x 8 x 9 x 12 = 5 184.
Bringen wir nun unsere bisher ermittelten Zahlenergebnisse in Ansatz, dann bilden wir folgende Aufgabe:

$$\frac{5\,184 \times 10}{2} = 25\,920$$

Aus dieser Bewegung des Frühlingspunktes ergibt sich die Summe einer Zeit. Der Tierkreis besteht aus 12 Sternbildern mit einer Ausdehnung von je 30 Graden.
Teilen wir nun diese Summe von 25 920 : 12, dann ergibt sich eine Zeit von 2 160 Jahren für ein Zeitalter.

Das Monochord

Die Klaviatur unserer C-Dur-Tonleiter

Die Wirksamkeit des von Pythagoras gefundenen Ordnungsprinzips und damit seine Lehre nachzuweisen, bediente er sich eines von ihm selbst geschaffenen Instruments, des Monochords.

Dieses Instrument besteht aus einem hölzernen Resonanzboden und einer darüber gespannten Saite. Mit Hilfe eines verstellbaren Stegs unter der Saite zeigte Pythagoras die Wirksamkeit des Ordnungsprinzips. Halbiert man die Saite, erklingt die Oktave, die Oktave steht zum Grundton im Verhältnis von 1 : 2 oder umgekehrt. Nimmt man 2/3 der Saite, so erklingt die Quinte des Grundtones, bei 3/4 die Quarte, 4/5 die große Terz, 5/6 die kleine Terz usw.

Die Oktave hat nur die halbe Saite, aber die doppelte Schwingung des Grundtones, die Quinte hat 2/3 der Saite und die 1,5fache Schwingung, die Quarte hat die 3/4 Saite und die 1,333..fache Schwingung des Grundtones.

Rein rechnerisch lassen sich die Töne ermitteln und bestimmen, so daß Musizieren — aktiv oder passiv, ein uns unbewußtes seelisches Rechnen darstellt — unser Gefühl ist ordnend beteiligt.
Nach dem Ordnungsprinzip vom Goldenen Schnitt ist unsere Tonleiter aufgebaut, und zwar ist der jeweils folgende Ton die Quinte des voraufgehenden.
Um diese Ordnung der Reihenfolge zu erhalten, wurden die Frequenzen so oft durch 2 geteilt, bis ihre Schwingungen sich zwischen c' 256 und c'' 512 Hz einfügen.

Die Quintenreihe nach dem Grundton c'

c'	256	c'	256
g''	768	d'	288
d''	2304	e'	324
a'''	6912	f'	342
e'''	20736	g'	384
h''''	62208	a'	432
f'''''	186624	h'	486
c''	512	c''	512

Links haben wir die Quinten, rechts durch fortwährende Teilung durch 2 in die Ordnung unserer Tonleiter gebracht und erhalten die Klaviatur unserer Instrumente.

Zugleich erkennen wir an der Klaviatur die Wirkung des Goldenen Schnittes. Infolge der natürlichen Halbtonschritte vom dritten zum vierten und vom siebenten zum achten Schritt, ergibt sich die Ordnung von 2 : 3 Ganztonschritte.
Die Quinte ermittelt sich aus dem Verhältnis 2 : 3, z. B.:
256 : 0,666 ... = 384
384 Hz = g
Die Quinte zu g
384 : 0,666 ... = 576.
576 Hz = d, jedoch um eine Oktave zu hoch. Da wir ohne den Charakter eines Tones zu ändern durch 2 dividieren dürfen, erhalten wir
576 : 2 = 288.
288 Hz = d usw.

Das Monochord

Pythagoras entdeckte, daß der Ton einer schwingenden Saite um eine Oktave höher klingt, wenn man die Saite halbiert. Eine Verkürzung auf 2/3 ergibt die Quinte des Grundtons.

Zur Illustration sind hier die Unterteilungen der einen Saite mit eingetragen.
Der erklingende Ton wird durch eine Schwingung verursacht. Wenn man z. B. die Saite einer Gitarre straff anspannt und zupft, dann schwingt die Saite und erzeugt einen Ton. Welcher Ton erklingt, hängt von der Anzahl der Schwingungen in der Sekunde ab. Diese Anzahl der Schwingungen pro Sekunde nennt man die Tonfrequenz oder nach ihrem Entdecker, der die Messungen exakt durchführte, Hertz (Hz). Der Kammerton „a" hat nach der Pythagoreischen Berechnung und nach der Tonteilung 432 Hz, nach der heutigen deutschen Festlegung 435 Hz und nach der französischen 440 Hz.

Das Phänomen der Obertonreihe

Am Monochord machte Pythagoras Entdeckungen von weittragender Bedeutung, es war auf der einen Seite das Verhältnis der Saitenlänge zur Schwingung und auf der anderen die hörbaren Obertöne.
Setzt man eine Saite in Schwingung, dann vernimmt man zwar einen bestimmten Ton, der sich rechnerisch aus der Saitenlänge ermitteln läßt, aber dieser Ton schwingt nicht allein, sondern mit ihm schwingen 72 hörbare Obertöne.
Und diese Obertöne haben eine gesetzmäßige, in Zahlen faßbare Ordnung.
Doch bleiben wir zunächst bei dieser Tatsache, daß nicht allein dieser eine Ton schwingt, sondern daß dieser Ton die Summe vieler Töne ist, deren Gesamtsumme den einen Ton ausmacht.
Pythagoras folgerte daraus, daß es die *Eins* an sich nicht gibt — es gibt kein absolutes *Eins-Sein* — alles, was da ist, ist immer schon die Summe und das Ergebnis des Zusammenwirkens vieler Teile.
Dieses Phänomen führte Pythagoras

zu einer grundlegenden Erkenntnis — Alles Lebende erstrebt Harmonie — Zusammenwirkung und damit *Einheit in der Vielheit.*
Eine solchermaßen erkennbare Zielsetzung in allem Lebenden läßt ein in allem wirkendes Gesetz erkennen, es ist das Gesetz der höheren Ordnung.
Da wir dieses Thema hier anschneiden, erlaube mir der Leser, daß ich an dieser Stelle erst einmal die vier Grundgesetze der Natur gebe.

Die vier Grundgesetze der Natur
1. Das Gesetz der Wiederholung (Rekapitulation)
2. Das Gesetz der Unterscheidung (Individuation)
3. Das Gesetz der höheren Ordnung (Hierarchie)
4. Das Gesetz der Verlangsamung (Retardierung)

Diese Gesetze erfordern eine kurze Erläuterung. Alles, was die Natur im Laufe der fast 5 Milliarden Jahre Lebensentwicklung auf Erden hervorgebracht hat, führte sie über den Weg der Wiederholung. Immer beginnt sie mit einem jeden von vorne, um es auf Vorhandenem aufzubauen. Ein solches Vorgehen ist ebenso einfach wie planvoll. Die Natur hat auf diese Weise immer die Möglichkeit, die durch voraufgegangene Entwicklung gewonnenen Verhaltensmuster, die ausnahmslos alle dem Überleben dienten, der Erbinformation erneut einzuprägen.
So lehrt auch die Embryologie, daß der Mensch vom Augenblick der Zeugung bis zu seiner Geburt die 5 Milliarden Jahre der Lebensentwicklung auf Erden in geraffter Folge im Mutterleib nachvollzieht.
Das 2. Gesetz, das Gesetz der Unterscheidung (Individuation), fordert von einem jeden Lebewesen die eigene Abgrenzung, d. h. die Ausbildung eines Ich-Bewußtseins. Bei aller Gleichheit, Ähnlichkeit und Artverwandtschaft ist das Unterscheidende das Wesensmerkmal, weil nur dadurch weitere Erfahrungen gemacht werden können, die in der Entwicklung, in der Evolution von Bedeutung sind.
Das 3. Gesetz, das Gesetz der höheren Ordnung. (Hierarchie hier nicht verstanden in üblichem Sinne, sondern in dem Begriff *Heil,* was griech. hieros ja meint.)
Dieses Gesetz fordert die Einfügung des Einzelwesens, und zwar die sinnvolle Einfügung, die beim Menschen mit vollem Bewußtsein vollzogen werden soll. Das setzt dann Wissen und Bewußtsein voraus.
Dieses Gesetz der höheren Ordnung ist zugleich dazu da, damit das Gesetz der Unterscheidung, der Individuation, nicht ausufere.
Das 4. Gesetz, das Gesetz der Verlangsamung, der Retardierung, astrologisch ist es das Prinzip des Saturn, der jede Entwicklung erst freigibt, wenn sie in sich abgeschlossen ist, daß der nächste Schritt vollzogen werden kann.
Das Gesetz der Verlangsamung ist ein sinnvolles Gesetz, das die ständige Wiederholung, das 1. Gesetz fordert, und zwar solange, bis es durch das 2. und 3. ins vierte voll eingebracht wurde, dann ist das 4. Gesetz erfüllt und damit abgelöst.

Fahren wir nun fort mit dem Phänomen der Obertöne, die man leicht am Klavier feststellen kann. Man drücke die Tasten, deren Töne mitschwingen, herunter und schlage dann den einen betreffenden Ton an, z. B. die Quinte, Terz, Oktave usw.
Pythagoras, der rechnerisch dem Phänomen nachging, beobachtete, daß der Quotient um so kleiner wurde, je höher die Schwingung und erkannte in den Obertönen die Ordnung einer steigenden Reihe.

Die mitklingenden Obertöne liegen nicht in der Reihe unserer Tonleiter, sondern greifen über die Oktaven hinaus. So erhalten wir folgende Reihe:
1/2, 2/3, 3/4, 4/5, 5/6, 6/7, 7/8, 8/9 usw.

Wir kennen diese Ordnung bereits: 1/2 = Oktave, 2/3 = Quinte, 3/4 = Quarte, 4/5 = große Terz, 5/6 = kleine Terz usw.

Aber Pythagoras machte am Monochord eine weitere Entdeckung, die uns lange Zeit unbekannt blieb. Pythagoras kannte zur Obertonreihe auch eine Untertonreihe, die das Vielfache der Obertonreihe darstellt. Ihre rechnerischen Werte sind folglich:
2/1, 3/2, 4/3, 5/4, 6/5, 7/6, 8/7, 9/8 usw.

Hier lehrte Pythagoras seinen Erkenntnissatz: „Die ganze Welt ist aus einer einzigen Saite gezogen . . .“ „Leben und Dasein ist Schwingung — Gesundheit ist vollendete Harmonie — und Entwicklung kann sich nur auf der Grundlage der Harmonie erfüllen.“

Das Mitklingen der Untertöne wird dadurch erreicht, daß man den Steg bis auf den Resonanzboden durchgehen läßt.

0/0

1/1
1/2 2/2 2/1
1/3 2/3 3/3 3/2 3/1
1/4 2/4 3/4 4/4 4/3 4/2 4/1
1/5 2/5 3/5 4/5 5/5 5/4 5/3 5/2 5/1
1/6 2/6 3/6 4/6 5/6 6/6 6/5 6/4 6/3 6/2 6/1

Das Lambdoma des Pythagoras
λ = Lambda, griech. Buchstabe L

Die Zeugertonlinie in der Mitte gibt jeweils den Wert 1/1, 2/2, 3/3, 4/4, 5/5, 6/6 usw. Man kann die Reihe beliebig fortsetzen nach Unendlich, jenseits der Hörbarkeit durch das menschliche Ohr.
Die Tonleiter des Timaios, darin Platon Pythagoreisches Wissen weitergibt, besagt, daß . . . Gott ein Teil vom Teil, und von diesem ein weiteres Teil nahm und weitere Teile anderer Teile und sie mit ihrem Vielfachen so zusammenfügte, daß sie wieder ein Ganzes ergaben. Verfahren wir nach diesem Muster, dann kehrt sich das Lambdoma (Lambda, griech. Buchstabe L) um und wir erhalten:

0/0

1/1
1/2 2/2 2/1
1/3 2/3 3/3 3/2 3/1
1/4 2/4 3/4 4/4 4/3 4/2 4/1
1/5 2/5 3/5 4/5 5/5 5/4 5/3 5/2 5/1
5/1 5/2 5/3 5/4 5/5 4/5 3/5 2/5 1/5
4/1 4/2 4/3 4/4 3/4 2/4 1/4
3/1 3/2 3/3 2/3 1/3
2/1 2/2 1/2
1/1

Die Umkehr des Pythagoreischen Lambdomas ergibt den atlantischen Buchstaben ◇ gn oder ng, Symbol für Geburt. Vergleiche lat. gnatus = Geburt, gnatur = Natur, später wurde das g ausgestoßen, lediglich in gnoscere = Wissen und in Gnosis = Weisheit blieb es erhalten.

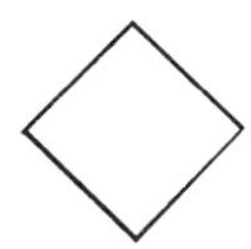

Das Futhark als Schöpfungsbericht

Wir hörten, daß Pythagoras ein Schüler des Hyperboreers Pherekydes war, von dem er Kenntnis alter atlantischer Weisheit erhielt.
Um das Pythagoreische Lambdoma in seiner Gänze verstehen zu können, haben wir das Futhark zumindest hier kurz anzuführen und zu erklären.
Das Futhark ist die Folge mehrerer immer gleicher Schriftzeichen, Runen, die man fälschlicherweise für das Runenalphabet ansah.
Diese Schriftfolge aber wurde auf Spangen, Broschen, Brakteaten, Nadeln, Speerspitzen, auf Steinen und auf Grabbeigaben gefunden.
Die Kenntnis des Alphabets rechtfertigt kaum einen solchen Aufwand, eher, wenn es sich dabei um einen Schöpfungsspruch oder um ein tiefes Wissen handelt.
Wie inzwischen bekannt ist, stellte diese Schriftfolge von 24 Zeichen, die nach ihren ersten sechs Zeichen das Futhark genannt ist, einen Schöpfungsbericht dar.
Wir wollen uns das, soweit es hier interessiert, ansehen.

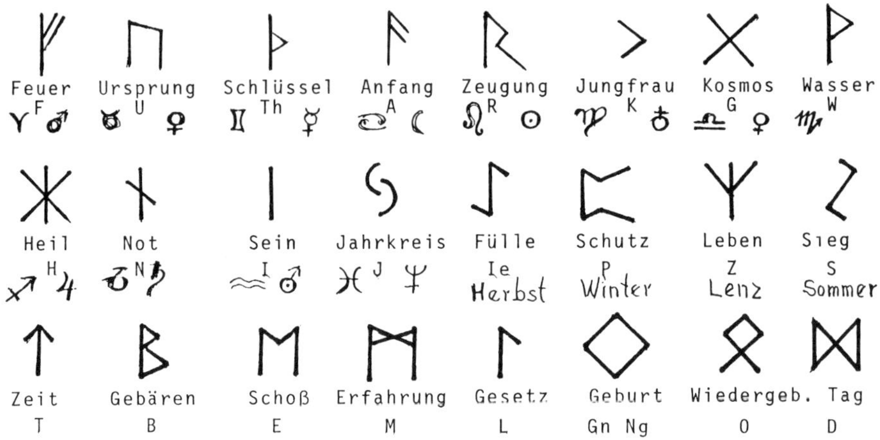

Das Futhark

Das Futhark in seiner komplexen Bedeutung und Aussage als Schöpfungsbericht, Laut- und Silbenwert, Tierkreis mit den vier Jahreszeiten, dem Gerät der Beobachtung, Speer oder Stab, dem Ort der Beobachtung und wer beobachtete.
Die ersten 12 Zeichen stellen den Tierkreis, die letzten 12 ergeben sich aus den vier Fragen: Was? Wie? Wo? Wer?
Gerät und Ort der Beobachtung ergeben zusammen gelesen den Begriff: Tempel (Tembel), dann folgt die Bezeichnung dessen, der beobachtete, und das heißt wörtlich *Gnod* oder *Ngod* und stellt den Anfang des heutigen Wortes Gott, nur war dies damals ein Mensch, der mittels eines Stabes in der Lage war, die Jahres- und Tageszeit zu bestimmen.

Fügen wir den oben gegebenen Runen bzw. den Begriffen Zeitwörter bei, dann ergibt sich folgender Schöpfungsspruch:

„**Feuer** ist **Ursprung**, **Schlüssel** zum **Anfang**, **gezeugt** ist die **Jungfrau** aus **kosmischem Wasser**.
Das **Heil** aus der **Not**, das **Sein** aus dem **Jahrkreis. Fülle** und **Schutz**, das **Leben** ist **Sieg**.
Die **Zeit gebiert** den **Schoß**, die **Erfahrung** und das **Gesetz: Geburt** und **Wiedergeburt** zum **Tag**.“

Das Zeichen GN

Wir finden im Futhark, und darum ging es uns, dieses Zeichen Gn ◇ (Gnosis = Weisheit, Gnatus = Geburt, Gnatur = das Geborene), das in dem Lambdoma des Pythagoras mit den Teilen von den Teilen und der Zusammenfügung zum Ganzen in seiner Struktur wiederkehrt.
Es ist mit Sicherheit anzunehmen, daß Pythagoras von diesem atlantischen Zeichen und seiner Bedeutung Kenntnis hatte, sagte er doch: „Alles Seiende ist in seinem Kern Schwingung. Was einmal geworden ist, kann nie mehr vergehen.“
Damit erreichen wir den Kernpunkt der pythagoreischen Lehre: Die Lehre vom ewigen Sein, die Lehre von der Unsterblichkeit der Seele. Nur haben wir zu klären, was Pythagoras unter Seele verstand.
Ein Schüler von Pythagoras schildert dies in einem Gedicht, dessen Schlußzeilen wir hier bringen wollen.
In diesem Gedicht schildert Permenides, wie er auf einem feurigen Roß zum Himmel fährt und vor dem Angesicht der Venus, der Göttin der Weisheit, erscheint. Aus ihrem Munde erfährt er:

Nichtsein ist nicht;
es gibt nur ein *Sein,*
wechselnd zwischen
Tod und Leben:
Ewiges *Sein*
durch Zeugung
und Wiedergeburt.

Und *Gnod* war die Bezeichnung dessen, der um dieses Geheimnis wußte.

Die Musiktherapie

In unserer Zeit hat sich gezeigt, daß man mit Hilfe gezielten Einsatzes von Musik bestimmte Leiden zu bessern, wenn nicht zu heilen vermag.
Der schwedische Dipl.-Ing. Kindt Flyborg erkannte das Wasser als Medium zur Konservierung von Frequenzen und folgte damit einer pythagoreischen Aussage: „Krankheit ist gestörte Harmonie. Wer die Ordnung der Musik mißachtet oder gar zerstört, mißachtet oder stört die Ordnung des Lebens und schließlich die Welt und sich selbst.“
Dipl.-Ing. Kindt Flyborg gibt dem Wasser nach einem bestimmten Verfahren Frequenzen ein, die das Wasser aufnimmt und konserviert. Von diesem Wasser, verschieden nach den einzelnen Organen unseres Körpers frequentiert, verabreicht Flyborg den Kranken einen Teelöffel auf nüchternem Magen und zeitigt frappierende Erfolge. Ähnliches berichtete uns die Musiktherapeutin Johanna v. Schulz in Berlin. Sie bewirkt Besserungen und Heilungen mit Hilfe der praktischen Ausübung von Musik seitens der Patienten.

Schließlich ist in diesem Zusammenhang noch Georges Lakhovsky anzuführen. Lakhovsky veröffentlichte im Jahre 1923 seine Untersuchungsergebnisse im Hinblick der Entstehung von Krebs.

„Die Schwingungsbereiche der lebenden Zelle wurden durch innere oder äußere Einflüsse derart empfindlich gestört, daß die Zelle durch Fremdeinwirkung in ihrer Oszillationsbreite gehindert wird, in die eigene Schwingung zurückzufinden. Die Zelle wurde gezwungen — durch innere oder äußere Einwirkungen —, in der Fremdschwingung zu verbleiben. Das aber heißt für die Zelle Krankheit, mit anderen Worten gestörte Harmonie."

Jene Medien nun, frequentiertes Wasser, Musiktherapie, Musikausübung, Tanz usw. trägt mit dazu bei, die gestörte Harmonie wieder herzustellen. Am besten erreicht man dies auf dem Wege einer naturbelassenen, frischen Nahrung. So lehrten es Lakhovsky und Walter Sommer. Sie bestätigen folgenden Ausspruch des Pythagoras:
„Tiefste Weisheiten und Erkenntnisse sind nur demjenigen zugänglich, der sein Leben auf Reinheit und Ökonomie umstellt. Und das geht am besten über eine lebensfrische Speise."
Es war die Entdeckung Lakhovskys, daß die lebensfrische Nahrung all jene gesunden Schwingungen im Körper erneuert, die infolge Fremdeinwirkung gestört waren.

Die vier Bausteine der DNA

Als sich die Biologen auf die Suche nach der auslösenden Funktion der Verhaltensmuster machten, ahnten sie nicht, welche Überraschung ihnen bevorstand, sie fanden nämlich nicht die Bestätigung des Materialismus, sondern gerieten auf die Spur einer alles bestimmenden Universal-Intelligenz.
Diese Intelligenz hat die Verhaltensmuster der lebenden Zelle eingeschrieben, und von dieser aus werden in Situationen der Bedrohung die Verhaltensweisen ausgelöst. All diese über 5 Milliarden Jahre gesammelten Verhaltensmuster dienten dem Überleben. Diese Verhaltensmuster wurden codiert und werden im Augenblick der Bedrohung entcodiert.
In Augenblicken der Bedrohung wird der Verstand aus- und die Verhaltensmuster der lebenden Zelle eingeschaltet. Dennoch hat die Entwicklung des Verstandes einen tieferen Sinn, dessen wahren Gebrauch wir später erfahren werden, dann nämlich, wenn es darum geht, im Zuge einer Evolution das Alte nicht

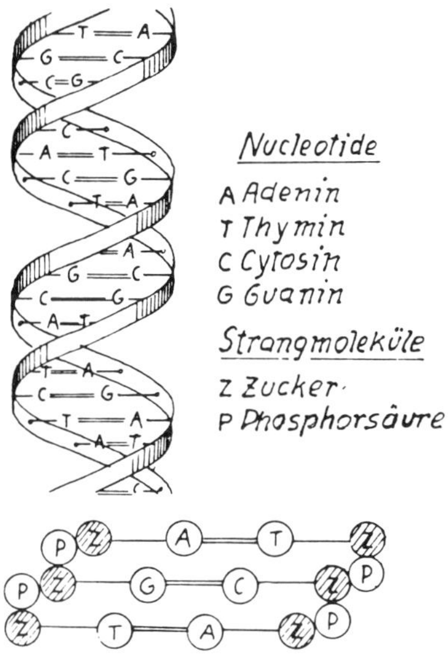

DNA-Doppelhelix (schematisch)

auszuschalten, aber durch eine Weiterentwicklung zu kontrollieren. Die Universal-Intelligenz hat jeder lebenden Zelle die Verhaltensmuster eingeschrieben, und zwar hat sie diese Verhaltensmuster mit ganzen vier Bausteinen bewerkstelligt. Diese vier Bausteine heißen: A Adenin, T Thymin, C Cytosin und G Guanin. Der DNA (Desoxyribonukleinsäure) ist die RNA (Ribonukleinsäure) angelagert. Die DNA ist dabei die Direktive, die RNA die Exekutive, d. h. die Anweisung zur Verhaltensweise geht von der DNA aus, die Ausführung derselben obliegt der RNA.

Zur Überführung von der Direktiven zur Exekutiven unternimmt die Universal-Intelligenz den einfachen Austausch eines einzigen Bausteins, nämlich Thymin wird ersetzt durch Uracil, die anderen Bausteine sind für beide gleich.

Auf diese Weise entsteht eine Doppelhelix (Doppelspirale) mit einer Länge von 2,5 m, die so eingefaltet ist, daß sie in der lebenden Zelle Platz hat.

Die Informationen sind codiert, und zwar mit Hilfe der vier Buchstaben: Adenin, Thymin, Guanin, Cytosin. Dabei sind immer nur zwei miteinander verbunden, nämlich Adenin mit Thymin und Guanin mit Cytosin. Für die Verhaltensschemata ist es von wesentlicher Bedeutung, ob Adenin rechts oder links von Thymin und ebenso Guanin rechts oder links von Cytosin angeordnet ist.

Hinzu kommt die Gliederung übereinander, ob Adenin über Cytosin oder Guanin steht, hat eine wesentlich andere Aussage als umgekehrt. Zu dem Wesensmerkmal der vier Buchstaben tritt eine weitere Merkwürdigkeit hinzu, die Codierung erfolgt in vier Zeilen, d. h. in vier Kettengliedern.

Diese vier Arten von Kettengliedern sind die einzigen Elemente, welche die Erbinformation sicherstellen (Gen-Information). Gleich zweimal tritt in diesem erst vor zehn Jahren entdeckten Geheimnis des Lebens die Bedeutung der *Vier* in Erscheinung — und nicht nur die Vier, sondern auch die Spirale.

Wir behaupten nun nicht, daß dies Pythagoras bekannt gewesen sei, wohl aber zeigt diese Entdeckung die tiefere Wahrheit der Pythagoreischen Lehre von der Heiligen *Vier*.

Die einander folgenden Kettenglieder der DNA und RNA sind durch sogenannte „Brücken" miteinander verknüpft, und diese werden gebildet von den Strangmolekülen Phosphorsäure und Zucker.

Würden wir die in der DNA enthaltenen Erb-Informationen in Büchern niederlegen, ergäbe dies ein Informationsarchiv von 1300 Bänden zu je 375 Seiten Umfang.

Die Universal-Intelligenz schafft diese Information mit Hilfe von ganzen *vier* Buchstaben, angeordnet in je *vier* Zeilen zu je *vier* Kettenzeilen usw.

Die Funktion der rechten und linken Hirnhälfte

Wenn wir zuvor sagten, daß die DNA die Direktive sei, von der die Auslösung der Verhaltensmuster ginge, so stimmt dies nur bedingt. Beim höherentwickelten Lebewesen vollzieht sich dies über die Zentrale des Gehirns, und zwar über die rechte Hirnhälfte, die dem Bilddenken und dem sogenannt Unbewußten zugeordnet ist.

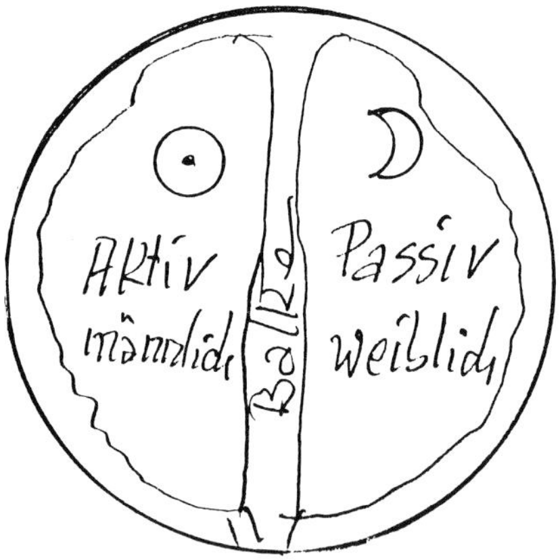

Schematische Darstellung der beiden Hirnhälften

Damit sich der Leser ein Bild machen kann, geben wir an dieser Stelle eine schematische Wiedergabe der beiden Hirnhälften mit der Aufzählung ihrer Funktionen.

Die beiden Körperhälften finden sich spiegelbildlich in den beiden Hirnhälften. Was wir mit der rechten Hand aufbauten, Ratio, Sprache, Rechtsbegriffe, Formen, Formeln, Vorschriften, Tabus, Maßstäbe, Gesetze, Erlässe usw., also kurz, alles, was mit Zivilisation zu tun hat, finden wir in der linken Hirnhälfte registriert, alles, was mit der Entwicklung und der Zeit davor zu tun hat, bildhaftes Denken, Intuition, Telepathie usw., finden wir in der rechten Hirnhälfte. Diese ist es denn auch, die im Augenblick der Notsituationen eingeschaltet wird und aus der Zelle die Erbinformationen in passive Aktivität umsetzt.
Wir vergegenwärtigen uns (um diese Spiegelbildlichkeit einordnen zu können) des Pythagoreischen Lambdomas, dessen Umkehr in die Spiegelbildlichkeit nach unten das atlantische Schriftzeichen für Geburt ergab. Dieses atlantische Schriftzeichen läßt die Vermutung aufkommen, daß der Atlanter um diese Spiegelhaftigkeit des Seins zumindest geahnt hat, wenn nicht gar gewußt und bewußt gelebt hat. Dies könnte man aus der Zwiesichtigkeit, dem Einaugsymbol (s. Frau E. Neumann: Europas Kultur der Großskulpturen) schließen. Das Einaugsymbol versinnbildlicht, daß der Mensch um diese beiden Welten innen und außen: Wie innen so außen, wie außen so innen, wie oben so unten, wie unten so oben, wußte, und folglich die Verantwortung für sein Ich, Sein und Schicksal selbst in die Hand nahm.

Die Übernahme der Verantwortung für sich selbst, sein Ich und sein Schicksal ist denn auch das erklärte Ziel der Esoterik.

Die beiden Hirnhälften und ihre Funktion

Es sei hier angemerkt, daß das Gehirn die Zentrale des Bewußtseins, nicht aber das Bewußtsein selbst ist. Zur Funktion jenes Gesetzes der höheren Ordnung bedarf es eben einer solchen Zentrale, in der die Gleichschaltung, die Koordination stattfindet und vorgenommen wird.

Rechte Körperhälfte	Linke Körperhälfte
Symbol: Sonne	Symbol: Mond
männlich	weiblich
aktiv	passiv
hell	dunkel
Tag	Nacht
Sommer	Winter
bewußt	unbewußt
Ratio	Telepathie
Sprache	Intuition

Nach Einsichtnahme in diese Ordnung des Gehirns wird uns klar, wieso Telepathie z. B. nur übers Bild funktioniert und keiner Sprache bedarf, warum dann aber auch Telepathie über alle Sprachen hinweg funktioniert, ist sie doch unmittelbar mit dem Ursprünglichen, mit dem bildhaften Denken gekoppelt.

Die vier geistigen Gesetze Coués

Nach dem voraufgegangenen Kapitel könnte man leicht der Meinung und Ansicht werden, es gehe nicht um ein „bewußter-werdendes" Leben, sondern um ein Leben, das von den Erbinformationen her geleitet werde.

Hier ist festzuhalten, daß diese Erbinformationen ja auch durch bewußt gemachte Erfahrungen vorgenommen wurden. Erst nach wiederholt gemachter Erfahrung von Notsituationen und der erfolgten Reaktion, die zum Überleben führte, wurde diese bestimmte Verhaltensweise als Verhaltensmuster eingetragen.

Wenn es nun zur Entwicklung eines Geistorgans, das wir Gehirn nennen, kam, dann hat dies einen unverkennbaren Sinn. Der Sinn besteht darin, im Zuge der Evolution Herr der voraufgehenden Erbinformationen zu werden, mit anderen Worten: in der Gegenwart bewußter zu leben. Drücken wir das etwas deutlicher aus, dann heißt dies: Ziel unseres Daseins ist es: Herr der Situation zu werden und nicht Opfer derselben.
Welche Rolle nun unser Verstand im Hinblick auf die Erbinformationen spielt, macht uns am besten eine Betrachtung der vier geistigen Gesetze Coués und die Rolle des Willens deutlich.

Bringen wir die wörtliche Formulierung dieser geistigen Gesetze:

1. Jeder Gedanke will sich verwirklichen.
2. Stehen Wille und Vorstellung in Widerspruch, siegt ausnahmslos und immer die Vorstellung.
3. Stehen Wille und Glaube in Widerspruch, siegt ausnahmslos und immer der Glaube.
4. Stehen Wille und Gefühl in Widerspruch, siegt ausnahmslos und immer das Gefühl.

Soweit die Formulierung der geistigen Gesetze Coués. Auf ihre Brauchbarkeit für den Alltag des Menschen wollen wir hier nicht eingehen, uns interessiert die Tatsache, daß es deren *vier* gibt und die an sich darin erscheinende Gegensätzlichkeit von Wille und Vorstellung, Wille und Glaube und Wille und Gefühl.

Diese Widersprüchlichkeit von Wille—Vorstellung, Wille—Glauben, Wille—Gefühl hat doch etwas zu sagen. Wir sehen darin einen Lernauftrag:
Unsere Unternehmungen sind solange zum Scheitern verurteilt, wie wir es nicht lernten:
Wille—Vorstellung, Wille—Glaube und Wille—Gefühl in Einklang zu bringen. Mit anderen Worten: Ziel des Menschen sollte sein, seinen Willen darauf zu richten, sich selbst zu erfüllen und nicht fremdbestimmt zu bleiben — Fremdbestimmung ist alles, was seinem eigenen Wesen nicht entspricht: Tabus, Vorschriften, Maßnahmen, Regeln usw. Dem Menschen wurde im Laufe der vielen Jahrtausende eine zweite Natur übergestülpt, die er heute für seine zu halten geneigt war. Hier einen wesentlichen Beitrag zu leisten, ist mit eine Aufgabe dieser Schrift.

Verstand und Erbinformationen

Was im voraufgehenden Kapitel für den Willen im Hinblick auf die vier geistigen Gesetze galt, das können wir auf den Verstand im Hinblick auf die Erbinformationen übertragen.
In der Regel wird in Notsituationen der Verstand ausgeschaltet, und die Funktion der Erbinformation tritt ein, d. h. wir verhalten uns nach früher brauchbar gewesenen Schemata.
Ziel aber ist das bewußte Leben; denn die Situationen haben heute nicht mehr den gleichen Sinn wie damals, sie können anders bewältigt werden — und auf diese Bewältigung nach anderen Mitteln kommt es an, diese Mittel heißen Erkenntnis und Wissen.
Nun aber sind alle Erfahrungen der Myriarden von Jahren des Mikrobiendaseins, der Jahrmillionen des Lebens im Wasser und auf Erden und schließlich des Lebens in den Höhlen als Mensch in der Erbinformation gespeichert.
Die Erinnerung an all diese Entwicklungsstadien lebt unvermindert in uns fort, ihre Intensität bei dem einen oder dem andern ist jedoch bedeutend unterschiedlichen Charakters, und dieses Unterscheidungsmerkmal wird bestimmt vom Umfang unseres Wissens und dem daraus resultierenden Denken.
Diesen Zustand des „bewußten" Lebens hatte der Mensch einmal erreicht, das war jene Zeit, als er sich folgende Bezeichnung gab:
manusya, ausgesprochen mänschja, und das heißt: man = Denken, manus = Geist und ya = Gesetz. Sinngemäß: „Der-des-Denkens-und-des-Geistes-Fähige,-das-Gesetz-zu-erkennen."
Wie kam der Mensch dazu, sich so zu betrachten und zu bezeichnen, daß er des Denkens und des Geistes fähig sei, das Gesetz zu erkennen?

Die Ursache dafür finden wir in jenem Augenblick, als der Mensch, zum Himmel aufschauend, die Gesetzmäßigkeit in den Bewegungen der Gestirne erkannte. Von dieser Erkenntnis war der nächste Schritt, diese Gesetzmäßigkeit auf sein eigenes Leben zu übertragen.
Mit der Entdeckung dieser Gesetzmäßigkeit der Gestirnsbewegungen wuchs sein Zeitbewußtsein. Er war fortan keiner Unbill himmlischer

Phänomene, wie Sonnen- oder Mondfinsternisse, mehr willkürlich ausgesetzt, er konnte sie im voraus berechnen und bestimmen, ebenso die Jahres- und Tageszeiten, die Umläufe der Planeten und deren damit verbundenen Phänomene wie Morgen- und Abendstern von Merkur und Venus oder deren Durchgang durch die Sonne als schwarzer Punkt usw.
Dieser Blick in den Himmel, den wir den „erkennenden Blick in den Himmel" nennen, ließ den Menschen hinter die Phänomene und deren Gesetzmäßigkeit schauen, er gewährte ihm den Blick in die „inneren" Zusammenhänge (eso griech. innen), und der Mensch erfuhr das Ordnungsprinzip. Diese Erfahrung war so tiefgreifend, daß sie sein Leben bestimmte und ihn freimachte von Angst und Furcht.
Der Schritt zur Ausbildung des Geistorgans Gehirn, zur Entwicklung von Verstand, war getan. Der Mensch trat in den Stand des Wissens und damit in den des Erkennens.
Wir wollen beachten, daß dieser aufgezeigte Schritt — gemessen an der langen Entwicklung des Lebens — ein erst jüngst gemachter Schritt ist und folglich noch nicht so fest verankert war wie die Erbinformationen der voraufgegangenen Jahrmyriarden. Und dennoch hat das geistige Erwachen des Megaliths ebenso seine unauslöschlichen Spuren hinterlassen wie die Ängste der voraufgegangenen Entwicklungszeiten.
Doch blicken wir noch einmal zurück und versuchen, den Weg des Menschen nachzuvollziehen.

Eine Frage an die Paläontologie

Eine Frage an die Paläontologie mit ihrem Wissensstand von heute gibt uns Auskunft über den Werdegang des Menschen.
Seit der Entdeckung des Forscherehepaares Mary und Richard Leakeys in Tansania weiß man, daß der Mensch älter ist als bisher angenommen.
Mary und Richard Leakey fanden in Vulkanasche eingebrannt die ersten Fußspuren von Menschen. Ein späterer Vulkanausbruch hatte diese Spuren verewigt. Es handelte sich um ein Elternpaar mit einem Kind in ihrer Mitte. Die ersten Spuren von einem Menschenpaar mit Kind hatten ein Alter von 3 Millionen Jahren.
Durch diesen aufsehenerregenden Fund waren die Paläontologen aufgerufen. 600 km entfernt vom ersten Fundort, von Tansania, wurde Don Johanson und nach ihm Ives Coppens fündig. Sie fanden in Hadar am Fundort 333 in Äthiopien reihenweise Skelette der frühesten Menschen mit einem Alter nunmehr von bis auf 8 Millionen Jahre

zurückgehend. Sie fanden fast 100 Skelette.
Die Frage der Paläontologen lautete nun: „Warum erhob sich das Lebewesen zum aufrechten Gang?"
Schon Affe wie Bär können es vorübergehend, aber nicht bleibend, da deren Becken den aufrechten Gang nicht bleibend erlaubt.
Die gefundene Antwort auf diese Frage war ebenso einfach wie einleuchtend: die Not zwang das Wesen zum aufrechten Gang.
Seit der Psychoanalyse wissen wir, daß der Erhaltungstrieb der eigentliche Ausgangstrieb aller anderen Triebe ist. Dieses Wesen, dem der aufrechte Gang zu entwickeln bestimmt war, wurde in eine Notsituation gestürzt, derer es sich mittels Einsatz erster, zaghafter geistiger Kräfte erwehren sollte.

Die körperliche Beschaffenheit des Nachwuchses wurde mehr und mehr retardiert, d. h. Aufzucht und Versorgung der Jungen erforderten immer mehr das Muttertier. So konnte das Muttertier, denn von Tier müssen wir hier noch reden, kaum an die eigene, geschweige an die Versorgung des Kindes denken. Diese Sorge übernahm das Vatertier, war es doch an der Aufzucht des Nachwuchses ebenso interessiert wie das Muttertier.

Um aber ausreichend Nahrung für Mutter und Kind herbeischaffen zu können, mußte es sich seiner Hände und Arme bedienen; es schleppte die Nahrung also förmlich herbei.

Diese Nahrung bestand, wie es Zahnuntersuchungen einwandfrei klärten, aus Früchten und Körnern.

Zu dieser Tätigkeit bedurfte es des aufrechten Ganges. Es kam zur Umbildung des Beckens und dies wurde erbfest. Der Mensch war geboren.

Die Paläontologie beantwortet aber noch eine Frage: Infolge dieser Bedrohung vom Aussterben der Art löste sich der Mensch aus der natürlichen Bindung: Zeuge- und Empfängnisfähigkeit wurden unabhängig vom Mondumlauf auf der einen und von der Jahreszeit auf der anderen Seite.

Der Trieb erfuhr eine ungeheure Motivierung. Diese Motivierung hat denn auch die spätere Kultur des Menschen bestimmend geprägt, so die Sprache, sie ist auf den Sexus ausgerichtet, versteht alles männlich oder weiblich, und was nicht zeugungs- oder empfängnisfähig oder noch nicht ist, wurde sächlich verstanden.

Der Akt des erwachenden Bewußtseins war keineswegs nun überall auf Erden gleich, dieser Schritt ins Bewußtsein war abhängig von äußeren Umständen, war abhängig wiederum von einer Notsituation.

Zielsetzung Mensch

Daß es sich bei allen Unternehmungen in der Natur um ein planvolles Vorgehen mit sicherer Zielsetzung handelt, zeigt am deutlichsten die Entwicklung des Lebens, die auf den Menschen hin angelegt war: das Lebewesen wurde durch immerwährende Fortentwicklung schließlich über eine Notsituation zum aufrechten Gang veranlaßt, es stand vor der Wahl unterzugehen oder zu überleben.

Alles das vollzog sich noch auf einer Erde, da Nahrung ausreichend vorhanden war. Die Notsituation wurde auf eine andere Weise herbeigeführt, es war die Frage des Nachwuchses. Der *Nachwuchs wurde zunehmend hilfloser* und unbeholfener, immer größer wurde diese Spanne der Hilfsbedürftigkeit des Jungen.

Die Natur setzte zur Entwicklung des Lebens zum Menschen das Gesetz der Retardierung ein. Dieses Gesetz besagt in diesem Falle eine merkliche Verlangsamung des körperlichen Wachstums zugunsten der Entwicklung des Geistorgans Gehirn.

Diese Retardierung aber zwang die Mutter zur Beschäftigung mit dem Jungen, die Mutter konnte sich nicht so sehr um Nahrung sorgen. Diese Sorge übernahm der Vater — und damit stehen wir an der Wurzel der naturgesetzlich geforderten Einehe: der Vater übernimmt die Sorge für Mutter und Kind. Er schafft Nahrung heran, derweil die Mutter mehr Zeit für das Kind gewinnt.

Das Nahrung-Heranschaffen bedingt den vermehrten Gebrauch der Hände und Arme, vor allem aber ist der aufrechte Gang gefordert. Das Becken bildete sich, um den aufrechten Gang zu ermöglichen. So kommt es zum homo erectus, der aber noch nicht Mensch im Sinne dieses Wortes ist.

Gleichzeitig mit dieser einsetzenden Entwicklung zum Menschen, mit diesem entscheidenden Schritt zum Menschen vor etwa 3 bis 8 Millionen Jahren, setzt der Bruch der Erdscholle ein. Mit diesem Bruch der Erdscholle, Gondvana, ist die Voraussetzung zur Kontinentaldrift gegeben; denn zur Entwicklung dieses Lebewesens, zum Menschen im Sinne dieses Wortes, bedurfte es einer weiteren Notsituation.

Diese Notsituation wurde über viele Jahrhunderttausende geschaffen durch die Kontinentaldrift. Teile der auseinandergebrochenen Erdscholle wurden langsam aber sicher über die Äquinoktialgrenze (das ist die Tag- und Nachtgleichen-Linie) zum Norden hin abgeschoben. Hier setzte allmählich die Wirkung der Jahreszeiten ein, die den erwachenden Menschen mit den anderen Lebewesen für immer größere Zeiträume in die Höhlen zwang. Hunger, Dunkelheit und Kälte forderten ihn. Es bedurfte der planvollen Vorratswirtschaft, das Zeitbewußtsein fand im Ansatz seine Ausbildung, das Organisationstalent wurde entwickelt. Er sollte sich der Zeit bewußt und bewußter werden; denn das erst ist die Unterscheidung zwischen Mensch und Tier, daß der Mensch ein Zeitbewußtsein hat — ein Gestern und Morgen und ein beide miteinander verbindendes Heute.

Das Zeitbewußtsein sollte ihn schließlich zum Selbst-Bewußtsein führen — ohne Zeitbewußtsein kein Selbst-Bewußtsein.

Das ist die Erklärung dafür, warum Menschen auf dieser Erde, die an dieser Entwicklung infolge ihrer geografischen Lage nicht teilhatten, weder Zeitbewußtsein noch Selbstbewußtsein entfalten konnten. Ih-

Hans Cloos: Gespräch mit der Erde

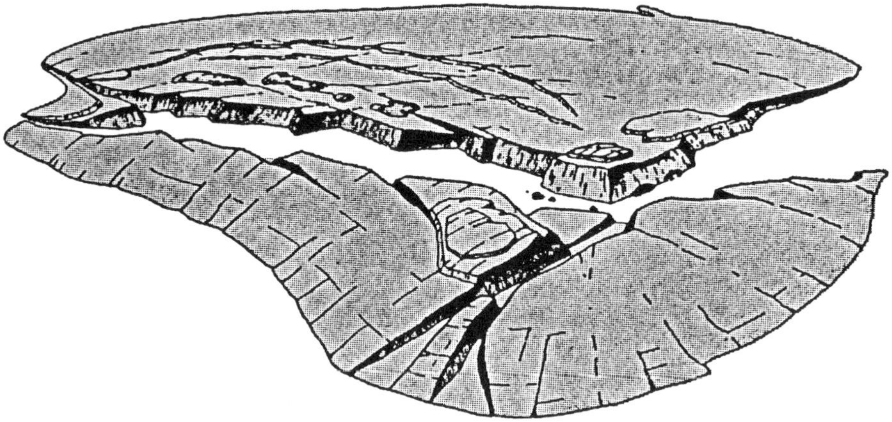

Ein Kontinent steigt aus dem Meer (nach einer Zeichnung von Hans Cloos).

nen geht das vorausschauende, planvolle Gestalten ab. Es fehlt das Talent der Organisation, das planvolle Gestalten bis hin zur Konstruktionsfähigkeit.

Es wäre falsch zu sagen, es bestünde eine Lücke bei denen, die in ihrer Entwicklung diese Stufe mit dem „erkennenden" Blick in den Himmel nicht erlebten. Wollen sie aber nachempfinden und das erreichen, was der Mensch im weiter vorne gegebenen Sinne des Wortes manusya ist, dann geht dies nur über die Hinführung über das Geburtsphänomen manusya, über den Aufblick in den Himmel mit dem „erkennenden" Blick.

Im Sinne jenes Gesetzes der Wiederholung findet der Nachvollzug des damaligen Augenblicks statt, und es wird ausgelöst, was damals als Entwicklung eintrat, auch wenn es sich um Menschen handelt, die nicht diesen Augenblick in ihrer Erbinformation verankert haben. Es kommt nun auf den Nachvollzug mit Hilfe des Verstandes, der Einfühlung und Vorstellung an.

Mit der geschaffenen Notsituation in der nordischen Breite drängte sich bald die Frage auf, wieso es einmal dunkel und kalt und damit verbunden immer wenig bis gar keine Nahrung gibt, und wieso es dann wieder warm und hell ist und die Erde dann viel Nahrung bietet.

Es konnte nicht lange ausbleiben, bis der Mensch den Zusammenhang dieses Wechsels und seiner Regelmäßigkeit im Gang der Sonne erkannte, besser entdeckte.

War nun die Sonne einmal als Ursache dieses ständigen, regelmäßigen Wechsels erkannt, führte diese Entdeckung zur planmäßigen und intensiven Sonnenbeobachtung. Es lag ferner nahe, die Sonne Vater, die Erde Mutter und den Mond Schwester zu nennen.

Der Mensch bedurfte für seine Vorstellung eine Vermenschlichung der Phänomene. Dadurch entstand eine gewisse Vertrautheit, aber auch die bessere Einfühlung.

Um aber eine genaue Beobachtung durchführen zu können, bedurfte es eines festen Standpunktes wie der festen Beobachtungspunkte. Diese Tatsache wurde bald erkannt. Und es kam zu den ersten Pfahlsetzungen mit Fluchtpunkten und Visierlinien zum Horizont. Die Pfähle erwiesen sich als schnell vergänglich, und es kam zu Steinsetzungen.

Die Beobachtung aber erforderte

das Rund oder das Quadrat. Und da das Quadrat näher lag als das Rund, so war das erste die Entwicklung zum Quadrat und zur Megalithmühle.
Mit der Entdeckung, daß die Sonne Ursache und Quell des Lebens auf Erden ist, wurde der Blick wie selbstverständlich auf den Mond mit seinen wechselnden Phasen, auf die Venus und die anderen beweglichen Himmelskörper gelenkt. Diese beweglichen Himmelskörper sind die Planeten, die zu unserem Sonnensystem gehören und ihren Platz gegenüber dem Fixsternhimmel dauernd ändern. Ferner kamen die am Polarkreis erscheinenden Phänomene der falschen Morgendämmerungen hinzu. Diese falschen Morgendämmerungen künden nach der kosmischen Nacht im Winter die baldige Wiederkehr der Sonne an. Am Polarkreis ist die Sonne im Winter für mehrere Monate nicht sichtbar, dafür ist sie im Sommer die gleiche Anzahl an Monaten sichtbar, bekannt ist die Mittsommernacht.
Aus all dem Gut der Beobachtung wurde das, was den Menschen zum Menschen machte.
Aus dem Quadrat wurde das Dreieck, und mit diesem Dreieck hatte er den Schlüssel zum Ordnungsprinzip in der Hand. War es ein Wunder, daß alles dies den Menschen so sehr beschäftigte?!

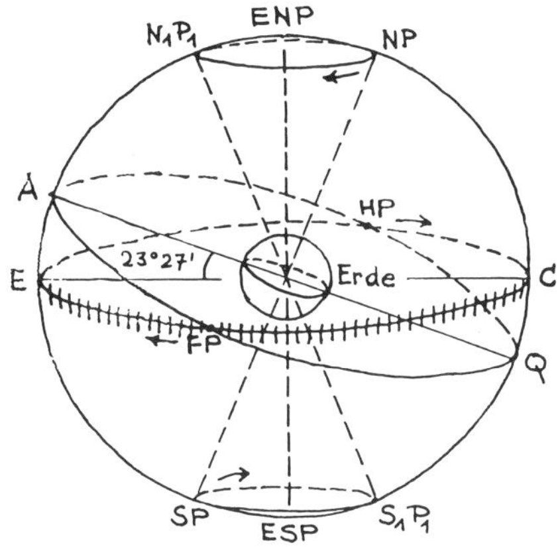

AQ = Himmelsäquator
EC = Ekliptik
FP = Frühlingspunkt
HP = Herbstpunkt
NP = Äquator-Nordpol
SP = Äquator-Südpol
ENP = Ekliptiknordpol
ESP = Ekliptiksüdpol

Das Gesetz der Wiederholung, Kommunikation und Sprache

Zur geistig-seelischen Entwicklung des Menschen bedurfte es nun eines Mediums der Mitteilung, also der Sprache. Die Mitteilung selbst war dann einfach, das Märchen.
Die Embryologie lehrt, daß das Lebewesen vom Augenblick der Zeugung bis zur Geburt die Jahrmilliarden der Lebensentwicklung auf Erden in geraffter Folge nachvollzieht. Das Leben beginnt immer wieder von vorn, und alle gemachten Erfahrungen werden aufs neu der Erbinformation eingerastert.
Es leuchtet leicht ein, was sein würde, wenn eine Entwicklungsstufe in diesen 9 Monaten für den Menschen vernachlässigt würde oder gar ganz ausfiele. Z. B. würde jene Stufe einfach übersprungen, da sich aus den Kiemen die Ohren bilden oder jene der Gliedmaßen aus den Flossen. In der seelisch-geistigen Entwicklung des Menschen aber ist man so verfahren und hat eine Entwicklungsstufe vernachlässigt, wenn nicht gar

ganz ausgelassen. Das ist die seelisch-geistige Entwicklungsstufe vom pränatalen Menschen zum Menschen, mit anderen Worten: es ist die Märchenphase, die der Mensch vernachlässigt hat.
Mit der Geburt des menschlichen Kindes ist das Gesetz der Wiederholung nur insofern abgeschlossen, als es sich um die Entwicklung zum aufrechten Gang gehandelt hat, nicht aber die Entwicklung zum Menschen im Sinne des Wortes manusya = Mensch.

Nach der Geburt des Menschenkindes setzt die Wiederholung, das Nacherleben der seelisch-geistigen Entwicklungsphase des Menschen ein. Von dem Augenblick an, da das Kind sich erheben und auf eigenen Füßen stehen kann, hat zur körperlichen die seelisch-geistige Entwicklungsstufe, d. h. die Wiederholung derselben, einzusetzen. Mit diesem Augenblick der Erhebung auf die eigenen Füßchen setzt die Märchenphase ein.

Versäumt man diese Phase, hinterläßt man eine empfindliche Entwicklungslücke, die auf andere Weise — aber dann unbewußt — nach Wiederholung verlangt. Menschen, denen diese Entwicklungsphase fehlt, haben sich weder gefunden noch können sie sich selbst finden; sie sind am stärksten fremdbestimmt und laufen Gefahr, immer wieder aufs neue fremdbestimmt zu werden.
Spätestens hier wird klar, warum und wieso es die individuelle und persönliche Wiedergeburt des Bewußtseins geben muß:
Trotz all der Myriaden von Zeiten und Stufen der Lebensentwicklung mit all den Erlebnissen und gesammelten Erfahrungen ist dennoch kein einziges Erlebnis genau dasselbe. Immer sind es nur ähnliche, sich gleichende, nie aber identische Wiederholungen.
Diese individuell bedingte Entwicklung ergibt dann auch eine individuell eigene Palette der Erlebnisskala.
Schon die Erlebnisse und Eindrücke im Mikrobiendasein sind bei aller Gleichheit dennoch unterschiedlicher Natur.
Dieser individuell verschiedene Entwicklungsweg des persönlichen Werdeganges baut in einem jeden Wesen eine eigene Erlebniswelt auf, und zwar in der Weise, daß jedes Lebewesen in seiner eigenen Welt lebt.

Es kann gar nicht anders, als in dieser seiner eigenen Welt leben. Das heißt mit anderen Worten: Im Grunde genommen ist jeder Mensch zutiefst einsam und allein — das aber wäre für keinen Menschen ertragbar, er müßte sterben.
Hier zeigt sich die eigentliche Funktion der Sprache, sie schafft die Brücke, die Kommunikation, die Verbindung, die Möglichkeit der Mitteilung.

Wenn nun auch jeder individuell von der des andern verschiedene Erlebnisbereiche und Erfahrenswerte besitzt, so sind sie doch untereinander vergleichbar und ähnlich. Dennoch bleibt: Die zum Gehirn signalisierten bio-elektrischen Impulse können von jedem Lebewesen nur entsprechend der vorhandenen Palette an Erfahrens- und Erlebniswerten der Vorzeiten verstanden werden.
Ein Mehr oder Weniger ist nicht möglich, weil der Bewußtseinsraster die betreffenden Werte nicht enthält und folglich nicht wiedergeben kann.
Dennoch geht es gerade um den Austausch: Die Lebewesen sind aufgerufen, durch Kommunikation, beim Menschen durch die Sprache, die Palette der Erlebnisse und Erfahrenswerte zu erweitern. So erfüllt sich der Reifungsprozeß.

Dieser Reifungsprozeß aber funktioniert nur, wenn eine art- und wesensgemäße Palette an Erfahrens- und Erlebniswerten vorliegt. Diese Palette prägt die Mentalität und damit das Auffassungsvermögen. Mentalität und Auffassungsvermögen sind gleichsam die Brücke, über die wir trotz aller individuellen persönlichen Erfahrenswerte und Erlebnisse zueinander finden.

Das entscheidende Element dieser Verbindung ist die Sprache.

Sprache wiederum ist das Ergebnis gemeinsam durchgemachter und gesammelter Erfahrungen.

Eine wirkliche Verständigung ist daher nur bei Artgleichheit gegeben — und selbst hier schon erschwert.

Der Artfremde trägt in seiner Erbinformation andere Bilder, andere Erfahrenswerte. Verständigung wird von diesen Bildern und Erfahrenswerten bestimmt.

Selbst wenn man eine Fremdsprache erlernt, ist man damit noch nicht in die Mentalität des Sprachschöpfers oder dessen Nachfahren eingedrungen. Sprache ist mehr als nur eine Aneinanderfügung von Worten.

Die Sprache konstatiert Seele, Auffassungsgabe und Erlebnisfähigkeit.

Wo Menschen miteinander im Gespräch sind und im Gespräch bleiben, sind sie immer auf dem Wege zueinander.

Ferner gilt: „Was ich in Worten auszudrücken weiß, das ist mein geistiger Besitz."

Darum forderte Pythagoras „die Reinheit und Beherrschung der Muttersprache".

Die Muttersprache ist das Tor zum eigenen Ich, das Tor zur geistigen Vertiefung und Entwicklung.

Aus diesem Grunde ist es geboten, sich der Sprache liebevoll anzunehmen, ihren Reichtum zu mehren, ihre Schönheit zu hegen und zu pflegen und ihre Aussagekraft zu vertiefen.

Der Weg zum Selbstbewußtsein

Die gleiche Rolle, welche die Muttersprache in der geistigen Entwicklung des Menschen spielt, kommt der Erlebnisfähigkeit zu. Diese aber ist weitgehend abhängig von dem zurückgelegten Entwicklungsweg der arteigenen Lebewesen wie von der individuell gemachten Eigenerfahrung.

Wir unterscheiden daher zwischen dem Kollektiverlebnis der Artverwandtschaft und dem Person-Erlebnis der eigenen, individuell gesammelten Erfahrung.

Beide zusammen ergeben die Gesamtstruktur des einzelnen, was die Astrologie als Horoskop und damit als Struktur der Seele im Augenblick der Geburt ausgibt.

Das Kollektiv-Erlebnis bindet den einzelnen aufgrund gleicher äußerer Bedingungen in eine Gemeinschaft ein, die ähnlich wie das Einzelwesen derselben denkt, fühlt, spricht und handelt; das individuelle Person-Erlebnis unterscheidet ihn dabei gleichzeitig wieder vom Kollektiv und bestimmt seinen eigenen, individuellen Erlebnissinn, der dann sei-

nerseits wiederum zur Weiterentwicklung des Kollektiv-Erlebnisses beiträgt und beitragen soll.
Wie nun das Märchen, die erste und älteste Kulturschöpfung des Menschen der nördlichen Erdhälfte, erlebt wird und erlebt werden kann, hängt davon ab, welchen Weg der Entwicklung wir selbst gegangen sind.
Diese Bilder des Märchens sind die jüngsten Bilder, die sich als Erfahrenswerte jener Entdeckung des waltenden Ordnungsprinzips, der Gesetzmäßigkeit, welche den Himmelskörpern Bahnen, Zeiten und Wege bestimmt, den älteren Bildern der Myriadenjahren der Entwicklung überlagert haben.
Überlagern aber sagt, daß diese Bilder damit nicht ausgelöscht sind. Nichts in der Natur wird ausgelöscht, alles wird immer nur durch ein Neues abgelöst, wobei das Alte für seine vorigen Bereiche Gültigkeit beibehält.
Die Natur erfüllt hier das Gesetz der Wiederholung, um alles immer gegenwärtig lassend, durch ein neues Gesetz, das der höheren Ordnung, abzulösen.
Die letzte Entwicklungsphase Mensch — gerade erst einige Jahrhunderttausende alt, vielleicht nicht einmal soviel, ist für unsere geistige Entwicklung die entscheidendste Phase: Sie führte zur Erweckung des geistigen Ich und damit zur Erweckung des Menschen überhaupt im Sinne dieses Wortes. Sie ist in Wahrheit die Geburtsstunde Mensch, wie es diese Bezeichnung manusya, weiter vorne angeführt, erkennen läßt.

Diese Entwicklungsphase machte den Menschen frei von Furcht und Angst, sie ließ ihn erkennen und führte ihn zum Wissenden. Ausdruck und Symbol dieses Entwicklungsweges wurde der Stab, hatte er doch mit Hilfe desselben die Gesetzmäßigkeit erkannt.

Sein „erkennender“ Blick in den Himmel hatte ihm Tore in neue Bereiche geöffnet, das Gesetz offenbart, die himmlischen Phänomene zu erklären.

Das Wissen um dieses waltende Gesetz machte ihn frei; denn nunmehr war der Mensch keinem „Zufall“ mehr ausgesetzt. Jahreszeiten, Sonnen- und Mondfinsternisse waren keine willkürlichen, angstauslösenden Racheakte eines strafenden Gottes, sondern vorher berechen- und bestimmbare natürliche Ereignisse, die eher Anlaß zu Angst und Sorge geben, wenn sie nicht eintreten, als dann, wenn sie eintreten.
Der Mensch war keiner anscheinenden Unordnung mehr ausgeliefert, keinem endlosen Chaos, alle Ereignisse fanden ihre natürliche Erklärung in einem Gesetz. Dies gilt bis zu den Auflösungstendenzen unserer eigenen Zeit, leben wir doch im Umbruch vom Fische- ins Wassermannzeitalter.
Indem nun alle Naturereignisse ihre natürliche Erklärung in einem Ordnungsprinzip fanden, war damit der Schritt in neue geistige Bereiche getan, es war ein Aufbruch in die bewußte Wahrnehmung der Natur und damit auch der Schritt in die bewußte Wahrnehmung seiner selbst. Am Ende dieses Weges konnte nichts anderes stehen als das Selbst-Bewußtsein.
Der Mensch erfuhr sich selbst als das Leib gewordene Gesetz, als das Maß aller Dinge. Alles, was ihn umgibt, ist in ihm gegenwärtig, der Mensch ist der Mikrikosmos des Makrokosmos.

Das Märchen und seine Bedeutung für die geistige Entwicklung

Das Märchen gehört zur geistesgeschichtlichen Frühzeit des Menschen, es ist sein erstes und ältestes Kulturgut, es gehört zur Phase seines geistigen Aufbruchs. Es schildert alles Wissen, das der Mensch durch Himmelsbeobachtung gewonnen hatte.
Was er beobachtete und erkannte, wurde in die menschliche Vorstellungswelt übertragen, der Himmel wurde mit Menschen bevölkert, die Phänomene wie Himmelskörper wurden selbst zu Menschen.
So gelang es dem Menschen, sich bildhaft vorzustellen, was er dort erfuhr. Und einem jeden Megalithmenschen war bekannt, welchen Inhalt diese Erzählung, die außerdem als Kultspiel aufgeführt wurde, in Wahrheit besaß.
Die Märchen — und wir meinen hier nur solche Märchen, die jener Frühzeit entstammen — enthalten jene von Angst freimachenden Bilder. In diesen Märchen leben jene Bilder der himmlischen Ereignisse, Bilder, die getragen sind vom Wissen um das Ordnungsprinzip, von der Gewißheit der Ordnung und Gerechtigkeit, vom Wissen ums ewige Sein.

Diese Tatsache erklärt, warum das Märchen einen so günstigen Einfluß auf die geistig-seelische Entwicklung des Kindes haben muß.

Auch wenn dies dem einzelnen Menschen von heute nicht mehr bewußt ist, so lebt doch diese Entwicklungsphase des Steinzeitmenschen unvermindert in uns fort, das Märchen allein öffnet uns die Tiefenschichten der eigenen Seele.

Versäumt man diese Phase — diese Märchenphase — in der Entwicklung eines Menschen, so muß eine empfindliche Bildungslücke entstehen, die unbewußt nach Ausgleich trachtet.

Da nun die letzte Eintragung in der menschlichen Erbinformation das Wissen um diese Bedeutung des Märchens ist, fühlt sich der Mensch unbewußt vom Inhalt des Märchens angezogen und gerät in Abhängigkeit von Dingen, die ihm — wenn auch entstellt — die Elemente des Märchens anbieten.

Dies sind vor allem die Bilder Walt Disneys, die Comics und die Religion(en).
Man erzähle dem Kind, dem Gesetz der Wiederholung Genüge tuend, früh genug das Märchen, und das seelisch-geistige Entwicklungsstadium des Kindes wird erfolgreich abgeschlossen. Versäumt man dies, entsteht eben jene erwähnte Lücke, die einen Nachholbedarf auslöst und von Psychotherapeuten oftmals nicht geschlossen werden konnte, weil diese selbst, zwar mit den Elementen des Märchens umgehend, die wahre Bedeutung des Märchens nicht kannten.

Der real-natürliche Hintergrund im Märchen

Um das Märchen in seiner wahren Bedeutung für die Entwicklung des Menschen, gemeint ist die seelisch-geistige Entwicklung, zu erkennen, ist es geraten, den real-natürlichen Hintergrund aufzudecken.
An zwei Märchen, Dornröschen und Thurandot, sei dies besonders deutlich gemacht. Wir setzen die Kenntnis beider Märchen soweit voraus, daß wir den Inhalt hier nicht im Besonderen wiedergeben müssen.

Dornröschen

Zum Geburtstag Dornröschens gibt der König ein Fest, zu dem er vor allem die weisen Frauen seines Landes geladen hat, damit sie Dornröschen ihre Segenssprüche geben. Nun aber leben 13 weise Frauen in seinem Lande, und er besitzt nur 12 goldene Teller. Folglich schließt er eine von der Einladung aus. Das sollte sich dann als verhängnisvoll erweisen, drückt aber damit gerade die Kenntnis astronomischer Vorgänge aus.
Die weisen Frauen erteilen Dornröschen ihre Segenssprüche, die eine Anmut, die andere Sanftmut, die nächste Liebreiz, dann Schönheit, Intelligenz, Klugheit, Bedachtsamkeit usw., bis die zwölfte gerade ihren Spruch sagen will. Da wird die Tür aufgerissen und die dreizehnte steht auf der Schwelle. Weil sie nicht eingeladen war, verflucht sie Dornröschen: „Das Kind soll sich in seinem fünfzehnten Lebensjahr an einer Spindel stechen und tot umfallen.“

Wie sie gekommen war, so rauschte sie wieder davon.
Die 12. weise Frau hatte ihren Segensspruch noch übrig und sagte nun: „Den Fluch kann ich zwar nicht zurücknehmen, aber ich kann ihn mildern: Es soll kein Tod, es soll ein hundertjähriger Schlaf sein.“

Am Tage, da Dornröschen 15 Jahre alt wird, gehen König und Königin fort und lassen das Kind allein im Schloß zurück.
Dornröschen geht durchs Schloß und findet schließlich eine eiserne Tür, die in den Angeln knarrt. Dahinter führt eine Treppe nach oben in eine Turmkammer. Dort sitzt eine steinalte Frau und spinnt. Dornröschen faßt die Spindel an und fällt in den hundertjährigen Schlaf.
Um das Schloß wächst eine dichte Dornenhecke, und da die Kunde vom schlafenden Dornröschen hinter der Hecke durchs Land geht, versuchen viele Prinzen vergebens, Dornröschen zu wecken. Doch einem Prinzen gelingt es schließlich, die Dornenhecke zu durchdringen. Er findet das schlafende Dornröschen und küßt es wach.
Nach einer in Frankreich erhalten gebliebenen keltischen Fassung erwacht Dornröschen erst mit der Geburt ihres Knaben.
Wir haben 13 weise Frauen,
12 goldene Teller,
eine Spindel,
den hundertjährigen Schlaf,
den Prinzen,
die Turmkammer,
das Erwachen Dornröschens.

Die 12 goldenen Teller sind unschwer als die 12 Sternbilder des Tierkreises zu erkennen. Mit dieser Erkenntnis und Zuordnung allein kommen wir nicht weit. Wir fragen daher:
Was sind die 13 weisen Frauen?
Was symbolisieren sie? Welches Himmelsereignis verkörpern sie?
Die Erklärung ist folgendes: Das

Mondjahr ist 11 Tage kürzer als das Sonnenjahr. So befindet sich der Mond bereits in seinem 13. Umlauf, derweil die Sonne im 12. Sternbild ihre alljährliche Wintersonnenwende und damit ihre Wiedergeburt erlebt.
Auf diese Weise besitzt der König nur 12 goldene Teller und kann nur 12 weise Frauen zum Fest einladen. Aber gerade die dreizehnte, die in Beziehung zu Tod und Wiedergeburt steht, spielt eine entscheidende Rolle. Sie tritt auf die Schwelle just in dem Augenblick, da die zwölfte ihren Segensspruch aussprechen will.

Im 12. Tierkreiszeichen findet die alljährliche Begegnung von Tod und Wiedergeburt statt. Darum ist es die zwölfte, die den Fluch in einen Segensspruch wandelt.
Dornröschen soll sich an einer Spindel stechen und tot umfallen. Diese Spindel ist ebenfalls am Himmel zu finden, es ist das Sternbild des Orion, der in früheren Zeiten Friggas Rocken (der Himmelsmutter Spinnrocken) genannt war.
Steigt Dornröschen aber in die Himmelshöhe, um dort den Spinnrocken der Himmelsmutter anzufassen, dann steht dahinter sicherlich noch eine andere Mitteilung. Über den Spinnrocken verläuft der Himmelsäquator.

Sonne und Mond bewegen sich auf dem Himmelsäquator auf- und absteigend. Der Mond allmonatlich, die Sonne einmal alljährlich auf und ab. Die absteigende Sonnenbewegung über den Himmelsäquator bedeutet für die nördliche Erdhälfte Winter bzw. Herbstanfang, und die aufsteigende Frühjahrsanfang und damit die Rückkehr des Lebens.

Das Sternbild des Orion aber ist ein zirkumpolares Sternbild, das nur bis zur Hälfte einmal jährlich untergeht. Sein Höchststand kündet die Sommersonnenwende.

So ist die Treppe hinter jener knarrenden Tür der Aufstieg in den Himmel und die Turmkammer selbst eben jener höchste Himmelsort, den Dornröschen erreicht, um dortselbst die Sonne zu erwarten.

Am 21. Juni erreicht die Sonne ihre alljährliche Wende. Das ist der Tag ihrer höchsten Macht, und an diesem Tag feierte der Mensch des Megaliths die heilige Hochzeit zwischen Sonne und Erde, zwischen Prinz und Dornröschen. Von diesem Tage bis zum Frühjahrsanfang vergehen 274 Tage. Und das ist genau die Inkubationszeit eines Menschenkindes von der Zeugung bis zur Geburt.
Die Sonne zeugt also symbolisch mit der Erde am Tage ihres Höchststandes das zum Frühjahr auferstehende Leben.
Folglich hielt der Mensch des Megalith an diesem Hochgetidestage der Sonne Hochzeit, vermählte die Paare, und das im Akt der ersten heiligen Begattung an diesem Tage gezeugte Kind wurde dann zum Frühjahrsanfang geboren.
So ist der Kuß des Prinzen symbolisch Akt des Hierosgamos, der heiligen Hochzeit.

Damit aber ist das Märchen in seiner Gänze noch nicht erklärt. Es war darin auch die Rede vom hundertjährigen Schlaf. Die Erklärung dafür finden wir im Ausgleich der beiden Mondbewegungen, das ist die siderische und synodische Mondbewegung.
Infolge der Eigenbewegung der Erde beobachten wir von der Erde aus zwei Mondbewegungen, eine tatsächliche, die siderische, und eine, die durch die Bewegung der Erde zustande kommt, die synodische. Beide Bewegungen vollziehen sich — auf das eingangs gegebene Ordnungsprinzip zurückzukommen — nach dem Goldenen Schnitt. Was

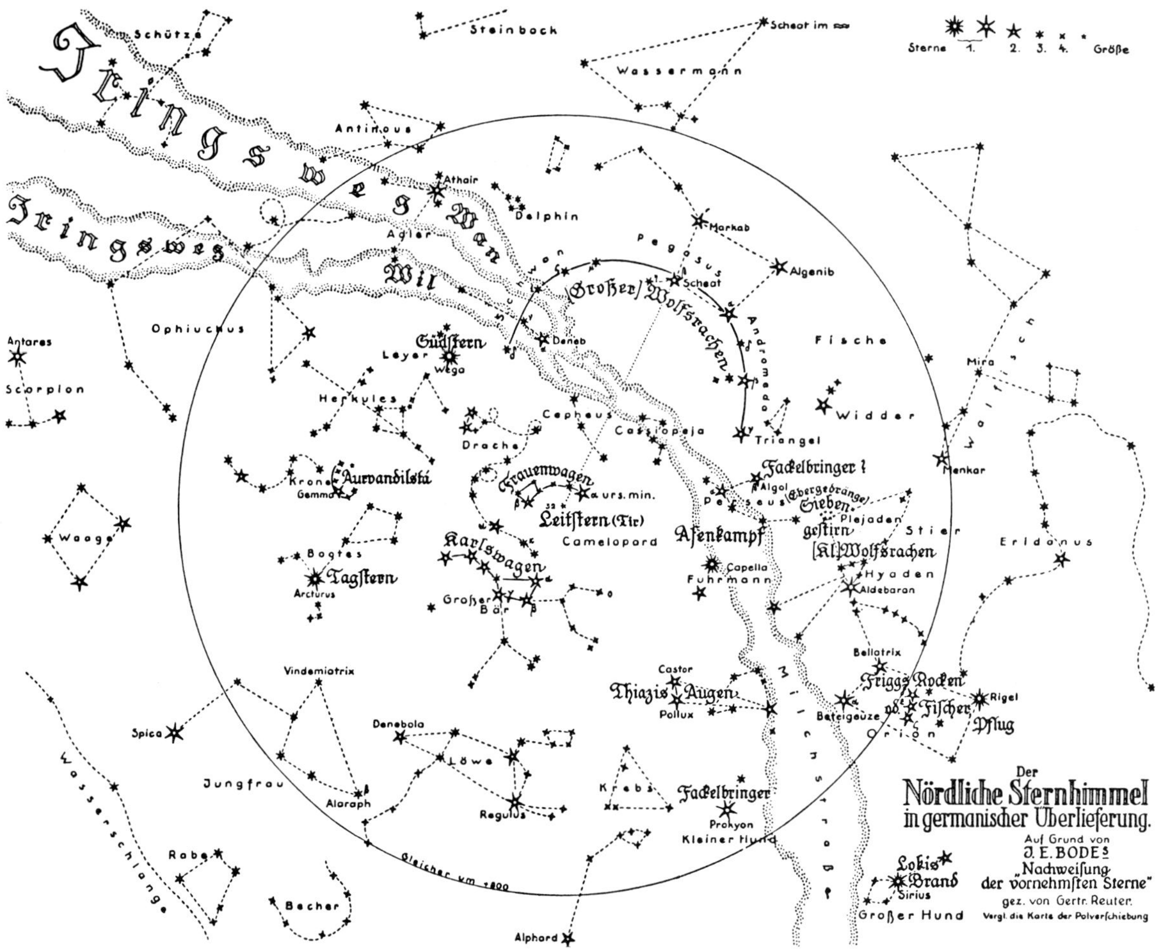

Aus: Otto Sigfrid Reuter, Germanische Himmelskunde

aber für die Erklärung Dornröschens entscheidend ist, ergibt sich aus folgendem: In jedem hundertsten Jahr kommen beide Bewegungen zum Ausgleich, sie decken sich in etwa alle 33 Jahre.
Denken wir hier nicht an die 33 Kara der Inder oder die 33 Lebensjahre Christi?
Für unsere weiteren Darlegungen ist bedeutend, daß Prinz und Dornröschen Sonne und Erde verkörpern und das Wissen um den Fortbestand des eigenen Lebens durch Zeugung und Wiedergeburt.

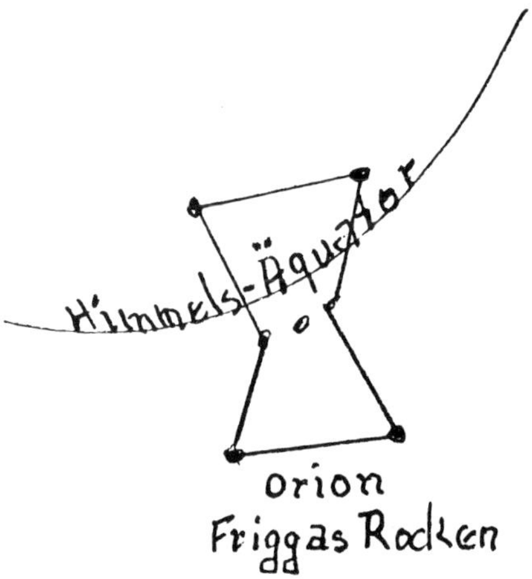

Das Märchen der Thurandot

Bewußt wählten wir das Märchen der Thurandot mit seinen drei Fragen, geht es uns doch auch darum, die nordische Heimat dieses Märchens in Erinnerung zu bringen. Auch das chinesische I-Ging ist ein Import der Atlanter aus dem Norden.

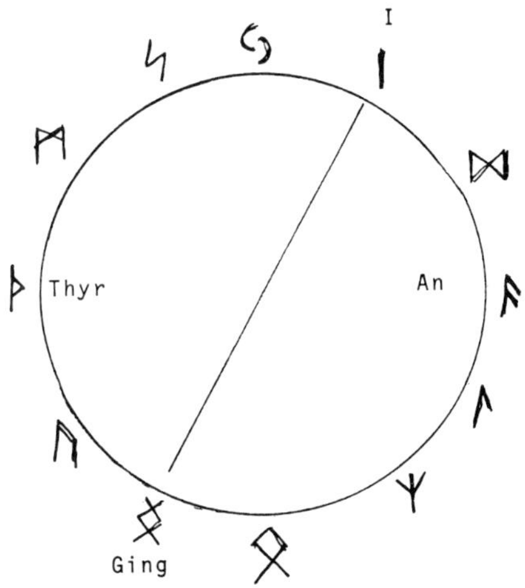

Der atlantische Runenkreis mit der I-Ging-Achse

I heißt Sein und Ging ist das symbolische Zeichen für die Erdvermessungslinien.

Das Märchen der Thurandot blieb uns in China erhalten und ist eine Variante zu Dornröschen und die Umkehr des Namens Ruth.
So finden wir denn auch den Namen der Thurandot (Thyrandot) im Runenkreis als die Waagerechte.
Diese Thurandot pflegte ihren Freiern drei Fragen zu stellen. Konnten sie diese nicht beantworten, wurden sie enthauptet. Konnte einer diese Fragen beantworten, so wurde sie die Frau desjenigen.
Derweil die Prinzen in der Dornenhecke Dornröschens hängen bleiben, werden sie hier ihres Kopfes entledigt. In einer Fassung werden diese Prinzen mit 364 angegeben. Es handelt sich demnach um den 365. Prinzen, um den 365. Tag des Jahres, an dem die Sonne den Höchststand erreicht und die Fragen beantwortet.

Doch hören wir erst einmal die drei Fragen:

1. Wer ist das? Er ist überall, jedermanns Freund und doch nirgends zu Hause.

Die Antwort auf diese Frage lautet:
Die Sonne! Sie ist überall, scheint über Gute und Böse und ist doch nirgends zu Hause.

2. Welche Mutter ist das? Sie frißt ihre Kinder, wenn sie groß sind.

Die Antwort: Das Meer! Alle Quellen sind aus seinem Schoße gespeist, und wenn die Flüsse groß sind, nimmt das Meer sie wieder auf.

3. Welcher Baum ist das, dessen Blätter auf der einen Seite weiß, auf der andern aber schwarz sind?

Antwort: Das Jahr! Die weißen Seiten sind die Tage, die schwarzen die Nächte.

Es sei angemerkt, daß wir den Brauch immer noch kennen, das Jahr in der Gestalt eines Baumes zu verehren: Weihnachtsbaum, Maibaum, Erntedankbaum, Richtbaum usw.
Die Aussage dieses Märchens ist der Dornröschens verwandt, als Hauptanliegen kennt es die heilige Hochzeit; denn der Prinz, welcher die Fragen beantwortet, ist die Sonne. In dem Märchen Thurandot ist er Kala genannt. Nebenbei bemerkt, nennt der Hebräer den Bräutigam heute noch Kala.
Auf was jedoch zielt dieser Name, wo könnten wir seinen tieferen Sinn ergründen?
Wir kennen sogenannte Ka(h)lenberge, Ka(h)lenasten, Kallenheide, Kahlenheide, Kahlerheide, Kallweide usw. Der Rheinländer kennt noch einen Begriff für Unterhalten, Sprechen, Reden „kallen", der Engländer nennt sprechen bzw. rufen „to call". Und das ist der Schlüssel: Der Prinz in der Thurandot ist als Kala der Rufer, nämlich die Sonne, die alles ins Leben ruft.

Der real-natürliche Hintergrund in der Religion

„Mit zwölf der Speichen,
dreht um dem Himmels sich
das Rad der Ordnung",
sagt der Rigveda.

Die Religion — und wir sprechen hier bewußt von Religion und nicht von Religionen, was sich in solche aufgespalten hat und so benennt, sind höchstens Konfession und hat mit Religion im Sinne von „religio" (Rückbindung) nichts zu tun. —
Die Religion kennt 12 Hauptgötter oder 12 Apostel, 12 Söhne usw. Damit haben wir den direkten Bezug zum Märchen Dornröschen mit den zwölf goldenen Tellern.
Die Religion, über die ganze Erde verstreut, kennt auch die Bedeutung der Vierzahl als Söhne des Schöpfergottes: die Bacab der Maya, die vier Engel des Avesta, die vier Tiere des Alten Testaments, die vier Evangelisten des Neuen Testaments usw.
Diese besondere Betonung der Vierzahl bezieht sich immer auf die vier Kardinalpunkte der Sonne im Tierkreis, welche da sind: die beiden Sonnenwenden und die beiden Tag-

undnachtgleichen, also Sommer-und Wintersonnenwende sowie Frühjahrs- und Herbstanfang.
Der real-natürliche Hintergrund der Religion ist also wie im Märchen der Tierkreis, der 12 Sternbilder umfaßt.
Geben wir an dieser Stelle die Zuteilung der 12 Söhne Jakobs auf den Tierkreis, wie sie das Alte Testament selbst vornimmt.
Von Ruben heißt es: „Kommet zuhauf und höret, ihr Kinder Jakobs! Ruben, mein erster Sohn bist du, meine Kraft und der Erstling meiner Stärke; denn du bist wie Wasser ..."
Ruben verkörpert das Sternbild des Wassermann, der in Babylon EA-OANNES, Gott der Tiefe, des Wassers und der Weisheit genannt war, er galt in der dortigen Überlieferung als Erretter der Menschheit.
Von Ruben geht es zu den Zwillingen: „Simeon und Levi, ihre Schwerter sind mörderische Waffen. Meine Seele kommt nicht in ihren Rat, und meine Ehre sei nicht in ihrer Versammlung; denn in ihrem Zorn haben sie den Mann erwürgt und in ihrem Mutwillen den Ochsen verlähmt."
Die Zwillinge stellten vor 7000 Jahren den Frühjahrsanfang und sind

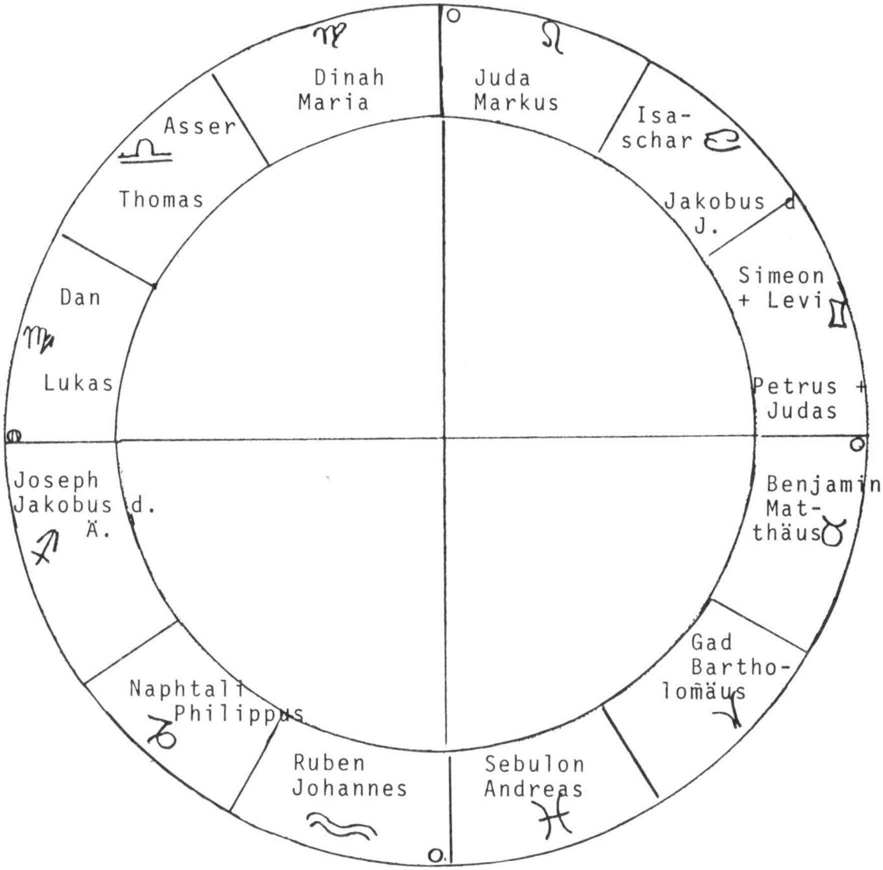

Der Tyr-Tierkreis mit dem kosmischen Jahrkreuz der umlaufenden Kardinalpunkte der Sonne.

Der Tyr-Tierkreis und die zwölf Söhne Jakobs wie die zwölf Apostel des Neuen Testaments.

Der Frühjahrsaufgang der Sonne liegt heute im Wassermann, die Sommersonnenwende im Stier, der Herbstaufgang im Löwen und die Wintersonnenwende im Skorpion.

von daher als die beiden widerstreitenden Jahrhälften, als sich bekämpfendes Zwillingspaar oder auch als ein zur Hälfte sterbliches und unsterbliches Paar dargestellt. Der erwürgte Mann ist das Sternbild des Bootes und der verlähmte Ochse das des Stiers. In der Aufzählung folgt nun das Sternbild des Löwen, das Gegenüber des Wassermann: „Juda ist ein junger Löwe . . ."
„Isaschar gilt als knöcherner Esel" und verkörpert das Sternbild des Krebses, das dem Esel benachbart ist.

Dan ist der Skorpion, „er ist eine Schlange auf dem Wege und eine Otter auf der Steige". Das begreifen wir, wenn wir wissen, daß der Skorpion eine Beziehung zur Zahl 8 und das Prinzip der Wandlung, der Umgestaltung und Umformung vertritt, dargestellt im Pluto als dessen Prinzip. Von daher hat der Skorpion eine Beziehung zum Tod und der damit verbundenen Welt des Jenseits. Darum wird er „das Pferd in die Ferse beißen".

Das Pferd steht hier für die Sonne; denn es gibt Stuten, die erbfest das Fohlen 12 Monate tragen. Und 12 Monate beträgt ein Sonnenjahr. Von daher rührt die Identität Pferd und Sonne. Im Sternbild des Skorpion lag einst der Herbstanfang, und zwar vor etwa 6000 Jahren. Herbstanfang heißt aber für die Sonne aus unserem Beobachtungsraum Abstieg zu den Toten, um selbst Tod und Wiedergeburt zu erleben. Darum rief der Reiter in diesem Sternbild: „Herr, ich warte auf dein Heil!"

Gad ist der Widder . . . denn er wird gedrängt werden von Feinden, er aber drängt sie auf der Ferse."
Mars ist das Prinzip der Durchsetzung, in der Pervertierung das Prinzip der Gewalt, des Krieges.
Asser ist die Waage „. . . von ihr kommt das fette Brot." In der Waage wurde die Ernte eingebracht, daher das fette Brot.
„Naphtali ist ein schneller Hirsch und gibt schöne Rede . . ." Das Sternbild des Steinbocks galt einst als Hirsch.

Joseph ist das Sternbild des Schützen . . . „. . . wiewohl ihn die Schützen verfolgen, so bleibt doch sein Bogen fest . . ." In diesem Sternbild erfuhr die Sonne ihren Tod, aber auch die Wiedergeburt, darum heißt es: „Joseph wird wachsen wie ein Baum an der Quelle."
Die Quelle war das Symbol des Lebens und der Wiedergeburt.
Die einzige Tochter Jakobs ist Dinah, sie verkörpert das Sternbild der Jungfrau und Benjamin ist als reißender Wolf, das Sternbild des Stiers, das dem Sternbild des Großen Hundes, dem Wolf benachbart ist.

Benjamin als der jüngste Sproß, auf dem alle Hoffnung ruht, kann nicht Stier genannt werden, weil der Stier zuvor als von den beiden Simeon und Levi verlähmt bezeichnet wurde, darum weicht man mit der Verkörperung durch Benjamin auf eins diesem Sternbild benachbartes Bild aus.

Ehe wir dieses Kapitel abschließen, sei noch auf folgendes Element des Märchens in diesem Bericht der zwölf Söhne Jakobs hingewiesen.
In dem Märchen „Allerlei Rauh" erhält das Mädchen ein Kleid aus allerlei Fell der ganzen Natur und symbolisiert damit die Mutter Erde. Nach Einbruch des Patriarchats, welches das Matriarchat ablöste, wird dies auf den Lieblingssohn Jakobs übertragen, auf Joseph. Jakob läßt ihm ein Kleid aus allerlei Fell arbeiten, seine Brüder neiden ihm das und werfen ihn in einen Brunnen.

Auch der Brunnen ist ein Element des Märchens, nämlich ein Symbol der Sommersonnenwende.

Die wichtigsten Elemente des Märchens

Die wichtigsten Elemente des Märchens in ihrer Aussage himmelskundlichen Geschehens sind:

1. Der unerreichbare Berggipfel als Ausdruck, Bild und Symbol für die Sommersonnenwende, vertretungsweise die höchste Turmkammer, der Glasberg, das Schloß auf der Goldenen Sonne, das Häuschen auf der Nadelspitz.
2. Leiter oder Seil, Hut oder Hütchen, Sattel.
3. Quelle oder Brunnen.
4. Drei Fragen, drei Prüfungen, zumindest irgendein Hinweis auf die Drei.
5. Baum.
6. Wald oder Blindheit, Erblindung oder Blendung.
7. Das Häuschen im Wald und die Hexe.
8. Die feststehende Redewendung: „An dem Tage, da es am heißesten war . . .“
9. Stock oder Stab.

Damit haben wir die Elemente des Märchens keineswegs erschöpft; denn Vogel, Frosch usw. spielen auch noch eine Rolle, in Ableitung davon eine Spezifizierung etwa als Schwan, Eule, Storch, Rabe usw. Der Vogel ist eindeutig das Symbol der heiligen Hochzeit, den Frosch werden wir gesondert erläutern.

Wie unter 1. bereits gesagt, stehen folgende Elemente des Märchens: Berggipfel, höchste Turmkammer, Glasberg, das Schloß der goldenen Sonne, die Nadelspitz, Leiter, Seil, Hut, Hütchen und Sattel, Quelle und Brunnen, die drei Fragen oder die drei Prüfungen, Rätsel usw., die feststehende Redewendung: „Da der Tag am heißesten war . . .“ als Symbol für die Sommersonnenwende, für den Tag der heiligen Hochzeit.

Stock oder Stab, manchmal auch Hut, Hütchen oder Sattel stehen als Symbol der Sonne auch die Beantwortung der Fragen, ist doch die Sonne die Allwissende, weil Allsehende und vor allem auch die, die um das Geheimnis von Tod und Leben — von Sterben und Wiedergeburt weiß.

Der Baum ist der engere Begriff für Leben, übertragen bedeutet er Jahr, als Lebensbaum und Weltenbaum trägt er den nördlichen Sternenhimmel mit seinen Zirkumpolarsternen, das sind die nicht untergehenden Sterne des nördlichen Sternenhimmels, an deren Stand man bei Nacht die Jahreszeit besser abzulesen wußte als am Tagesstand der Sonne.

Der Wald in den Märchen mit dem Häuschen in der Tiefe des Waldes und der Hexe steht immer für die Winterhälfte und die damit verbundene Wiedergeburt der Sonne (vergleiche Hänsel und Gretel), die Blindheit, Erblindung oder Blendung bedeutet Lichtverlust und damit Herbstanfang, darauf deutet auch der Fortgang der Schwäne.

Quell oder Brunnen wurden zum Symbol der heiligen Hochzeit, weil sich die Sonne am Tage der Sommersonnenwende des Mittags in einem jeden Brunnen oder Quell spiegelt.

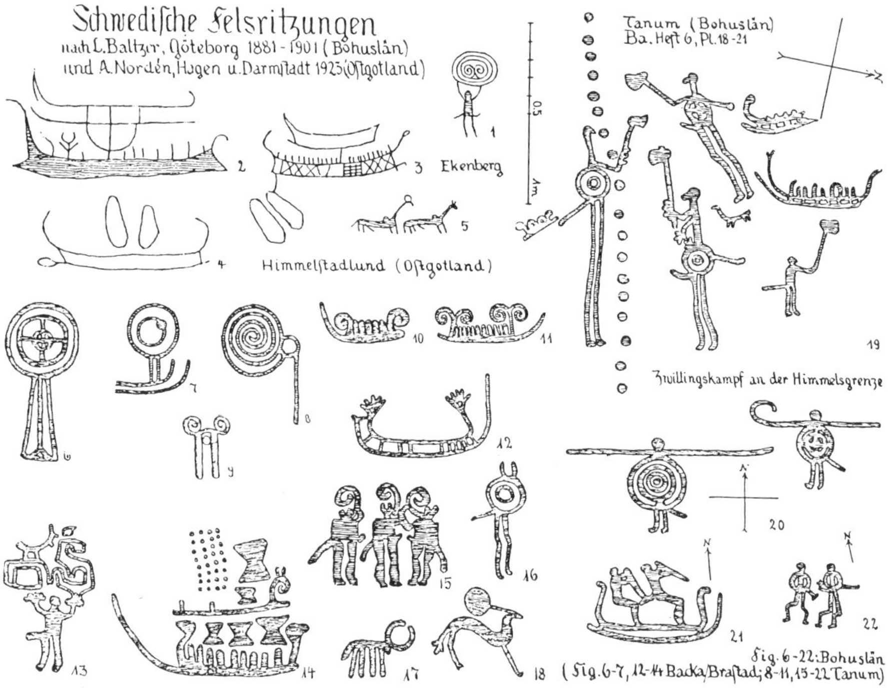

Schwedische Felsritzungen mit Darstellungen des Sonnengottes als zeugendes Prinzip. Das erhobene Beil (auch Hammer) weist ihn als Sonnengott aus. Siehe Jahrgnomon und Kultaxt Kretas.
1 Ekenberg zeigt die Sonne mit ihrem Jahrweg, der ein- und ausgerollten Spirale. Die Spirale war das Symbol der Atlanter.
19 stellt die Begegnung der beiden Zwillingsbrüder an der Himmelsgrenze, an der Tag-und-Nacht-Gleichen dar, Sommer und Winter begegnen einander.
13 sehen wir die Sonne selbst dargestellt, sie hält den Polumlauf und das Quadrat als ihren eigenen Jahresumlauf.
15 sind die drei Lurenbläser, sie blasen in der Mittwinternacht das neue Jahr ein (das neue Halbjahr).
16 stellt die Sommersonnenwende,
20 die Wintersonnenwende, darum hat 16 anstelle des Kopfes den Kreis der Sonne am Polarkreis und 20 die einrollende Spirale unterhalb der Äquatorlinie.

Der Frosch

Da Brunnen oder Quelle die gleiche Rolle spielen wie „. . . der heißeste Tag . . .", begegnen wir dem Brunnen oder der Quelle als Metapher für die heilige Hochzeit, aber auch immer wieder dem Frosch.
Der Königstochter rollt die goldene Kugel in den Brunnen, und der Frosch holt sie ihr wieder herauf. Dieser Frosch entpuppt sich am Ende als Prinz.
Daß dies anatomisch eine Unmöglichkeit ist, dürfte uns allen klar sein. Was aber wollten uns die Kulturschöpfer damit sagen?
Schalten wir zurück.
Im Märchen Dornröschen heißt es, daß sich König und Königin ein Kind wünschten: „Da trug sich zu, als die Königin einmal im Bade saß, daß ein Frosch aus dem Wasser ans Land kroch und zu ihr sprach: ‚Dein Wunsch wird erfüllt werden; ehe ein Jahr vergeht, wirst du eine Tochter zur Welt bringen.'"
Der Frosch kroch aus dem Badewasser der Königin ans Land und kündete ihr, daß sie ein Mädchen gebären werde. Hinter diesen Worten verbirgt sich ein uraltes Wissen um den Krötentest.

Eine Schwangere scheidet Wachstumshormone aus — bei einem Jungen mehr, bei einem Mädchen weniger.

Kommt eine Kröte oder ein Frosch in Kontakt mit diesen Hormonen, so reagieren diese durch das Absondern von Eiern (beim Weibchen) bzw. Bilden von Samenfäden beim Männchen.

Setzt man also eine Kröte oder einen Frosch ins Badewasser einer werdenden Mutter, reagiert das Tier bei einem Knaben durch große (etwa handvolle) bzw. bei einem Mädchen durch geringe (etwa fingerhutvolle) Eiablage bzw. Samenfädenbildung. So kann man Anhaltspunkte für das Geschlecht des Nachwuchses erhalten.

In Dornröschen „prophezeit" er die Geburt der Tochter, in Froschkönig prophezeit er die Geburt des Prinzen.

Der Frosch verkündete der Prinzessin am Brunnen, daß er die goldene Kugel wieder heraufholen würde, aber nur, wenn sie ihm verspreche, daß er ihr liebster Geselle sein dürfe. In diesen wenigen Worten liegt der ganze Bericht vom Hieros Gamos: Es geschieht am Brunnen, und der Prinz erscheint ihr in seiner ganzen Schönheit am Frühlingsanfangstage.
Auch Quelle und Brunnen stehen für die Sommersonnenwende. An einem Brunnen sieht Isaak zum ersten Male Rebekka, beim Lauf zur Quelle wird Siegfried von Hagen erstochen, über einer Quelle wurden die Heiligtümer errichtet bis hin zum Christentum, siehe Chartres, Aachen, Paderborn usw.

Die Mythe des Ödipus

Wir können nicht annehmen, daß der Leser nach Rückführung zweier Märchen, Dornröschen und Thurandot, trotz Aufzählung der wesentlichsten Elemente des Märchens, jetzt schon in der Lage wäre, selbst Märchen zu deuten und sie auf ihre ursprüngliche Be-Deutung als himmelskundliche Mitteilung zurückführen zu können.
Wir geben deswegen noch einige weitere solcher Rückführungen auf den real-natürlichen Hintergrund

Ein Spinnwirtel aus Dänemark
Dargestellt ist hier die heilige Hochzeit zur Sommersonnenwende. Der Baum zählt 32 Zweige. 32 ist die Zahl der Erde.

und dabei an erster Stelle die Mythe des Ödipus.

Hatte der Mensch einmal die Sonne als Quell des Lebens erkannt, als lebenzeugendes Prinzip, so lag es nahe, daß er sie zum Vater am Himmel erhob und die Erde Mutter nannte, und den Mond, nicht zuletzt wegen seines Umlaufs in Übereinstimmung zur Menstruation, Schwester Mond.

Ferner erhob er die Venus aus bereits bekannten Gründen zur Göttin der Weisheit, der Künste und wegen ihres Einklangs mit ihrem Umlauf zur Inkubationszeit eines Menschen (225 rund + 7 x 7 Tage = 274 Tage) zur Göttin der Liebe, sie fungierte ebenfalls als Hebamme. Der Mensch war auf Beobachtung angewiesen, und diese bildete der Mensch bis zur Vollkommenheit aus. Alle beobachteten Phänomene wurden vermenschlicht, und es wundert nicht, daß all sein Denken nur noch darauf gerichtet war. Seine Berichte nannte er Märchen, zu Mar = Kunde, in Beziehung wissend. Diese wurden zu Kultspielen. Es ist keine Mythe so verdeutet worden wie gerade der Mythos des Ödipus. Und gerade diese Mythe ist so einfach auf den Sonnenmythos zu beziehen.

Sonnenbeobachtungsraum an den Externsteinen

Schon von der Bezeichnung her gibt er sich als Sonnenmythos zu erkennen:
Ödipus heißt wörtlich: Schwellfuß. Kein Vater, keine Mutter würden ihr Kind Schwellfuß heißen, auch wenn es einen Schwellfuß hätte. Vielmehr will dieser Name gleich auf den Inhalt hindeuten:
Am menschlichen Körper gibt es nur ein schwellendes Glied, das ist das männliche Geschlecht.

An den Externsteinen diente der runde Mauerdurchbruch zur Bestimmung der Sommersonnenwende. Der Spinnwirtel von Dessau-Roßlau zeigte das gleiche: Die hl. Hochzeit zur Sommersonnenwende. In den schwedischen Felsritzungen sehen wir die Sonne immer mit Beil und gestrecktem Phallus.

Am Tage der Sommersonnenwende fällt das Licht der aufgehenden Sonne durch das Loch auf eine abgeflachte Wand. Da in dem Ständer vor dem Steindurchbruch ein Stab gestanden hat, war die Sonnenscheibe in der Mitte vom Stabschatten geteilt. Es ist das Jera-Zeichen als Symbol der Sommersonnenwende (). Φ, das griechische Phi, das Zeitwort dazu lautet pheinein = erscheinen. Wenn auch der Spinnwirtel durchbrochen sein mußte, damit er auf dem Faden laufe, so kam dies den Steinzeitmenschen doch recht, stellte der Spinnwirtel doch so den Jahrlauf dar.

Der Sonnenkult der Atlanter war mit einem Phalloskult verbunden; denn dem Atlanter galt die Sonne als das lebenzeugende Prinzip, und das ist auch der Mann.

Das Orakel von Delphi verkündete dem Vater des Ödipus, daß sein Sohn ihn erschlagen werde. Auch das ist Sonnenmythos; denn es gibt nur eine Sonne, die alte muß immer der neuen weichen. Entweder wird sie durch Kampf beseitigt oder sie weicht freiwillig, siehe Weihnachtsmann und Christkind.

Der Vater setzt Ödipus in einem Binsenkörbchen aus (in einer anderen Fassung setzt er ihn auf dem Idagebirge). Das Körbchen treibt ans Ufer von Boöthien. Dort findet es der Jagdaufseher des Königs und bringt es zum Königspaar, das selbst kinderlos ist und dies als Wink des Himmels versteht. Der König von Boöthien nimmt Ödipus an Kindes Statt an.

Zu Jahren gekommen, begibt sich Ödipus zum Orakel von Delphi und erfährt, daß er seinen Vater erschlagen werde. Daraufhin wendet er sich nach Theben, da er annehmen muß, daß sein Pflegevater sein leiblicher Vater sei und diesen nicht erschlagen will. In einer Schlucht nach Theben begegnet er nichts ahnend seinem leiblichen Vater. Dieser, wie Ödipus selbst königlicher Herkunft, denkt nicht daran, dem Knaben auszuweichen.

Betrachten wir schnell einmal zwischendurch die Symbolsprache der Schlucht, in welcher sich beide begegnen. Diese Schlucht ist Symbol der Wintersonnenwende: Dem Schicksal von Tod und Wiedergeburt kann die Sonne nicht ausweichen. So kann auch keiner der beiden — Ödipus und sein Vater — dem Schicksal ausweichen. Es kommt zum Handgemenge, und Ödipus erschlägt seinen Vater. Wiederum gibt es für Ödipus eine Begegnung in einer Schlucht, und zwar am Ende dieser Schlucht mit der Sphinx. Diese stellt jedem Wanderer nach Theben eine dreigeteilte Frage: „Wer ist das? Er geht am Morgen auf vier, am Mittag auf zwei und am Abend auf drei Beinen?"

Vermochte der Wanderer die Frage nicht zu beantworten, stürzte die Sphinx ihn in den Abgrund.

Wir begegnen hier dem gleichen Element wie in dem Märchen Dornröschen oder in dem der Thurandot. Dort bleiben die Prinzen in der Dornenhecke hängen, in der Thurandot werden sie enthauptet und im Ödipus in den Abgrund gestürzt.

Ödipus antwortet sofort: „Der Mensch!".

Und die Sphinx gibt ihm den Weg frei nach Theben.

Wie in dem Märchen der Thurandot die heilige Hochzeit nach Beantwortung der drei Fragen erfolgt, so auch im Ödipus. Damit erklärt sich uns die Antwort des Ödipus: „Der Mensch."

C. G. Jung folgerte richtig, wenn er sagte, daß der Stab das dritte Bein des Menschen sei, aber nicht den hinkenden Greis am Stock meine, sondern den Menschen im Vollbesitz seiner Kraft und Würde, der Stab sei das Symbol für Wissen und Weisheit, für Kraft und Würde.

Diese Vermutung C. G. Jungs liegt richtig; denn der Stab ist das Symbol für Zeitbewußtsein, Wissen, Weisheit und Würde, war es doch der Stab, mit dessen Hilfe der Mensch die Zeit zu messen und zu bestimmen gelernt hatte.
In der Antwort des Ödipus: „Der Mensch!" liegt also der „wissende" Mensch, der Mensch im Besitz des Zeitbewußtseins.
Soll Ödipus die Sonne sein, dann muß er in der Folge nun heilige Hochzeit halten, und genau das geschieht.
Sein Oheim Kreon hatte in Theben verkünden lassen, daß demjenigen die verwitwete Königin Jokaste zufalle, der Theben von der Plage der Sphinx befreie.
Da es nur die eine Sonne gibt, die sowohl die richtige Antwort weiß als auch den richtigen Weg kennt, so gelangt Ödipus nach Theben und heiratet seine eigene Mutter.
Das wird übrigens in der Gotik auch von Jesus und Maria gesagt, auch Maria gilt als die Braut ihres Sohnes Jesu.
Mit seiner Mutter zeugt Ödipus vier Kinder. Die älteste Tochter ist Is-Mene, deren Schwester heißt Antigone, die beiden Söhne heißen Polinikes und Eteokles.

In dem Namen der ältesten Tochter begegnen wir dem IS als Symbol für Sein und Frühlingsanfang. Mene heißt Mond. Da mit dem Frühjahr auch das Leben wiederkehrt, hieß IS in der griechischen Sprache auch Kraft.
Ismene heißt wörtlich = Kraftmond (Frühjahrsneumond). Es ist der Neumond im Februar, der das Karnevalsfest bestimmt und von daher die beweglichen Festtage des Jahres.
Ist Ismene die Bezeichnung für den Frühjahrsneumond, dann müßte ihre Schwester den Herbstanfang darstellen. Und genau das ist der Fall.
Antigone heißt wörtlich = Anti = gegen und Gone = Geburtspunkt = Anti-Gone = Gegengeburtspunkt = Herbstanfang.
Antigone bringt später den erblindeten Vater in den Wald von Boöthien, wo ihn die Götter in den Olymp aufheben.
Die beiden Söhne heißen Polinikes und Eteokles. Poli heißt viel und Nike heißt die Siegesgöttin. Polinikes ist der Hochberühmte, der Vielsiegende. Er ist die Personifizierung der Sommersonne zur Wende. Sein Bruder heißt Eteokles. Etos heißt griechisch das Jahr und klaso heißt in die Knie gehen, sich verneigen, sich niederbeugen.

Eteokles heißt wörtlich „das sich niederbeugende Jahr".
Die vier Kinder des Ödipus sind also eindeutig die vier Kardinalpunkte des Jahres: Frühjahrs- und Herbstanfang sowie Sommer- und Wintersonnenwende.
Theben wird nun von Unheil befallen. Das Jahr neigt sich und folglich ist Not. Das Orakel von Delphi bezichtigt Ödipus als den Schuldigen. Er wird geblendet und aus der Stadt geführt. Die Blendung, auch die Erblindung, bedeutet Herbstanfang und Winterhälfte. Genauso steht der lange, dunkle Wald, der kein Ende nehmen will, für den Winter. Inmitten dieses Waldes befindet sich das Hexenhaus, das Mutterhaus, in welchem sich die Wiedergeburt vollzieht.

Sonnenhut von Schifferstadt

Der Abraham-Bericht

Von Abraham wird berichtet, daß er „. . . ein Fremder war im Lande . . .“ Das haben wir in Zusammenhang mit der ersten Frage der Thurandot zu sehen: „Wer ist das? Er ist jedermanns Freund, überall und doch nirgends zu Hause.“ Die Antwort darauf war: „Die Sonne . . . “

Gilt das auch für Abraham? Ist er die Verkörperung der Sonne? Begeht er mit seiner Frau den Hieros Gamos am Tage der Sommersonnenwende?

Wörtlich heißt es im Abraham-Bericht: „. . . da der Tag am heißesten war, trat Abraham vor die Tür seiner Hütte auf dem Berge Mamre, und als er seine Augen aufhob und sah, siehe, da standen drei Männer vor ihm . . .“
Bis hierhin haben wir schon mehrere Anzeichen dafür, daß es sich tatsächlich um den Bericht des Hieros Gamos handelt.
Eine Metapher für die Sommersonnenwende war:
„. . . da der Tag am heißesten war . . .“, die zweite Bestätigung ist der Berg Mamre, die dritte: die drei Männer.
Denken wir an die Heiligen Drei Könige, denken wir an Jesus, der drei Apostel mit sich nimmt auf den Berg und ihnen dort wie die Sonne erscheint. „. . . und sein Angesicht leuchtete wie die Sonne.“

Der Sonnenwagen von Ödinburg

Diese drei Männer sagen dann zu Abraham: „. . . Über ein Jahr, wenn wir wiederkehren, wird dein Weib Sara einen Sohn geboren haben, des Namen sollst du Isaak heißen . . .“

Mit dem Namen Is-Aak bekommen wir eine weitere Bestätigung. War nicht der Frühlingsanfang IS genannt?! Heißen nicht alle den Frühling verkörpernden Gestalten IS (Is-Is in Ägypten, Is-sos im indischen Mythos, Is-mene die älteste Tochter des Ödipus usw.).

Begehen also Sara und Abraham „. . . am Tage, da es am heißesten war . . .“, die heilige Hochzeit, dann muß ihr Sohn am Frühlingsanfangstage geboren werden und folglich den Namen IS bekommen.

Weitere Beweise liefern uns die Namen selbst; denn was für Is-Aak gilt, das gilt auch für Abraham und Sara.

Der verborgene Sinn eines Namens gibt sich zu erkennen, wenn man seinen ersten Buchstaben fortnimmt und ihn an seinen Platz stellt.

Verfahren wir so mit den beiden Namen Abraham und Sara, dann ergibt sich für Abraham = Bra und für Sara = Ara.

A-Braham können wir nun bilden

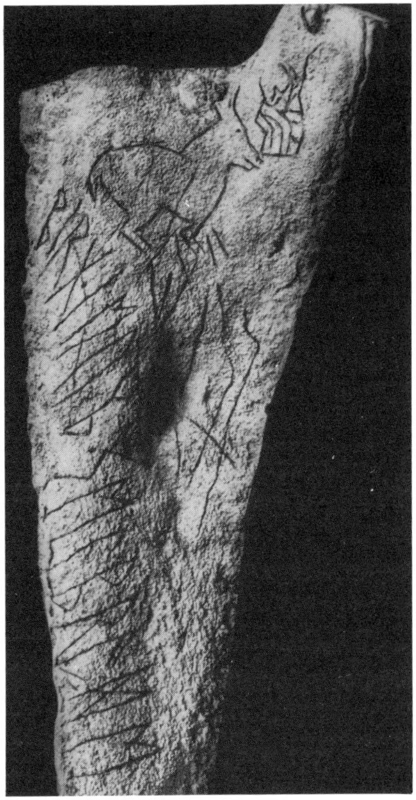

Die Ritzzeichnung im Kleinen Schulerloch bei Au im Altmühltal (Ingolstadt). Diese Runenzeichnung zeigt einen Steinbock 16 cm groß, darunter das Symbol des weiblichen und männlichen Geschlechts und links schräg nach unten verlaufend die Runenritzung:

B I R G I T L U(E) B S E L B R A D E

Brigitte liebt ihren Sonnenbruder.

als BRA - AHAM und Sara als ARA S.
Die Buchstabenverbindung des BRA-AHAM weist sofort auf eine ganze Kette ähnlicher Bezeichnungen hin: Brah - manen, Bran, der Sonnengott der Artusrunde, BRAH, der Schöpfergott der Hindu, seine Diener, die Priesterkaste, waren die Brahmanen.
Im Kleinen Schulerloch bei Au (Ingolstadt) befindet sich eine Runeninschrift folgenden Wortlauts:

Dies heißt: Birgit (Brigitte) liebt Sonnenbruder. Etwas flüssiger: Birgit liebt ihren Sonnenbruder.
Auch hier haben wir das BRA, wie in Bruder, in Braut und Bräutigam, in Brünhild, Bruno, Brunnen, Brennen, Brunst usw.
Städte und Länder sind danach benannt: Britannien, Bremen usw.

 = Symbol der Sonnenwenden

Diese Inschrift verstehen wir als Ritzung zum Hieros Gamos, wenn wir wissen, daß im Zuge der Präzession die Sommersonnenwende sich vor 15 000 und 17 000 Jahren im Sternbild des Steinbock befand.
Zur weiteren Erklärung dient uns die atlantische Sprache, deren Zeichen etwas bedeuteten.
B = Mutterschoß (weibliches Geschlecht)
R = Zeugung, Ordnung (männliches Geschlecht)
Sinnvollerweise bedeutet das BR = Leuchten.
Britannien ist dann wohl deswegen: das „leuchtende Land“ genannt, weil seine weißen Kreidefelsen aus dem Meer aufsteigend die heimkehrenden Seefahrer von weitem schon grüßten.
Und was heißt nun die Runenritzung: Birgit leub Selbrade?
Birgit heißt: die leuchtende Sonnenbraut, leub soviel wie liebt,
und Sel-Brade heißt Sel = Sol = Sonne und Brade = Bruder.
Vergleiche Sanskrit Baratha = Bruder.
Die ganze Inschrift heißt:
„Die leuchtende Sonnenbraut (Birgit) liebt ihren Sonnenbruder.“
Bringen wir dieses Wissen nun bei BRA - AHAM in Ansatz, dann bedeutet der Name Bra-aham = „Ich der Leuchtende“ = eine eindeutige Bezeichnung für die Sonne.
Darum — und aus keinem anderen Grunde heißt es von A-Braham:
„. . . durch deinen Samen sollen alle Völker gesegnet werden . . .“ Die

Grabplatte von Kilwa

Sonne galt als das lebenzeugende Prinzip. In feierlicher Prozession führte man auf Wagen oder getragen das Zeugeglied des Sonnengottes durch die Gemeinden, über Felder, durch Wiesen und Wälder.
So war es noch bei den Etruskern und Römern. Einmal jährlich wuchs das Zeugeglied des Sonnengottes aus dem von den Vestalinnen gehüteten heiligen Feuer. Danach wurde es in feierlicher Prozession durch die Straßen getragen.
A-Braham als Bra-aham haben wir als: „Ich, der Leuchtende" als Sonne erkannt, was aber ist mit Sara, seinem Weib.
Nehmen wir auch hier den ersten Buchstaben S weg, dann bleibt Ara — s. Ara aber war die atlantische Bezeichnung für die Erde, die Arier ihre Kinder, der Altar = alta = hoch und Ara = Erde war die Bezeichnung für die zum Hieros Gamos erhöhte Erde, also eine Bezeichnung für die Stätte des Hieros Gamos, eine Bezeichnung für den Berggipfel.
So ist denn auch die Stätte, da sich Bra-Aham und Aras befinden, nämlich die Hütte auf dem Berge und im Hain Mamre bezeichnend.
Der Name Mamre besagt in der atlantischen Sprache: „Das Maß der Zeugung."
Die Sonne Bra-Aham zeugt am Tage der Sommersonnenwende, also am Tage des Sonnenhöchststandes mit der Erde das zum Frühjahrsanfang wieder auferstehende Leben, den IS-AAK.
IS ist das atlantische Verbum für SEIN und ist immer auch die Bezeichnung für die zum Frühjahrsanfang auferstehende Sonne. Es ist die Frühlingsgöttin Ägyptens, die Isis, die babylonische Is-tarte, später Astarte, der Issos und Issos-Jesus, der Ismene und schließlich Isaak.
Die Isis ist die Frau des Osir-IS. In diesem Osiris steckt die atlantische Silbe IR (YR) und OS = Mund. Im atlantischen IR (YR) haben wir den Schöpfergott, der aus seinem eigenen Körper die Welt schafft und im OS = Mund, der sie durch seinen Gesang ins Leben ruft.
Abraham hatte bereits einen Sohn mit der Magd seiner Frau, Hagar. Und diese empfing an einem Wasserbrunnen in der Wüste, beim Brunnen gen Sur, die Kunde, daß sie einen Sohn von Abraham empfangen habe, „des Namen sollst du Is-Mael heißen . . ." (1 Mose 1,14).
Mit Sara heißt es dann „. . . des Name sollst du Isaak heißen . . ."
In Matthäus 1,21 erfahren wir: „Und sie wird einen Sohn gebären, des Namen sollst du Jesus (Issos) heißen!" Dies der Auftrag an Joseph, den Vater Jesu.
Der Vater Jesu ist ein Zimmermann. Das aber waren alle alten Sonnengötter, ihr Symbol ist das Beil. Die Sonne setzte dem Menschen den ersten Pfahlkreis, mit Hilfe eines Schattenstabes die Zeit zu messen.
Die Hütte auf dem Berge Mamre hat auch Abraham selber gezimmert, und Odysseus gibt eine genaue Schilderung vom Schiffbau,

und er zimmert sich das Hochzeitsbett aus einer Eiche, deren Wurzeln in der Erde bleiben.

Frühjahrs-Sonnenaufgang an den Extern-Steinen im Teutoburger Wald

IS-AAK und das atlantische IS

Es schadet gewiß nicht, wenn wir eine kurze Betrachtung über die Bedeutung der einzelnen Bezeichnungen für den Frühlingsanfang geben. Is-Os heißt wörtlich: „Der Mund, der das Sein spricht.“
Die Is-Is ist das Sein des Seins,
der Os-Ir-Is ist der Gott, der das Sein aus sich selbst mit seinem Munde singt, er bezeichnet die Atemgeburt,
die Is-Mene ist die Verkörperung des Frühjahrs-Neumondes, der im Februar den Fall des Karneval bzw. der Vasenacht (Fasenacht = Zeugungsnacht) bestimmt,
Is-Ma-El heißt wörtlich Is = Sein. Ma = Maß und El = das Aufsteigende, Auferstehung — Wiedergeburt: „Der das Maß der Auferstehung setzt.“ Und damit kommen wir zur Bedeutung des Namens Is-Aak.
Is = Sein und Aak heißt atlantisch Quelle. Wir finden es im lateinischen aqua und in den unzähligen Achs und Aachs.
Aachen ist die Stadt der warmen Quellen, der Neck-ar ist der Fluß des Nöck, die Quelle des Nöck, daher Nöck-ar (Nöck-Aach). Hierhin gehören ebenso die Aar und die Ahr, die Ach wie die Aach.

Der das Leben singende Mund des Schöpfergottes ist identisch mit dem Felsspalt der Sonnenbeobachtung. Wenn die Sonne aus diesem Spalt strahlend aufging, war dies der Tag des Lebensanbeginns, der Auferstehung. Dieser Spalt ist auch das Drachenmaul usw. Man vergleiche die Schrift
„Europas Kultur der Groß-Skulpturen“,
in welcher Elisabeth Neumann-Gundrum den Nachweis erbringt, daß nur die alteuropäische Kultur den Gedanken der Mundgeburt, der Atemgeburt kannte.
Damit gibt sich uns Is-Aak als Quelle des Seins zu erkennen. Mit seinem Namen verkörpert er die Frühlings-Quelle.
Es war ein Brauch atlantischer Zeit, daß man am Ostersonntagmorgen vor Aufgang der Sonne schweigend zur Quelle durch den Wald schritt und zum Sonnenaufgang mit der hohlen Hand einen Trank aus der Osterquelle schöpfte und trank.
Abschließend dürfen wir bei soviel zwingendem Indiz doch wohl den

Abrahambericht als Mythe zur Sommersonnenwende, als Hierosgamosbericht erkennen.
Abraham als Sonne zeugt mit seinem Weib Sara, der Erde, das zum Frühjahrsanfang wieder auferstehende Leben, dargestellt in der fließenden Quelle, ISAAK.
Eine weitere Bestätigung unserer Darlegung liefert uns auch der Isaak-Bericht selbst.

Der Isaak-Bericht

Der Mensch des Megalith faßte sein Wissen in Bilder und Geschichten, die dem Menschen verständlich waren, er vermenschlichte das Geschehen. Aber noch eins trat hinzu: In den Tempeln — Tempel heißt: Ort der Zeitmessung — in dem aus Holzpfählen, später Steinen, errichteten Rund führte er die Geschichten als Kultspiele zu bestimmten Tagen des Jahres auf.
Dies war nie die Leistung eines einzelnen, man setzte sich zusammen und erdachte die Geschichten. So war die Geschichte Abrahams einmal cin Kultspiel gewesen.
Sein Sohn hieß Isaak. Er trat nun an die Stelle seines Vaters und verkörperte die Sonne. Man setzte sich zusammen und spann den Faden weiter. Die erste Begegnung zwischen Isaak und Rebekka ereignet sich am Brunnen. Den Brunnen kennen wir als Bild für die Sommensonnenwende.
Isaak zeugt mit Rebekka zwei Söhne: Issau und Jakob. Issau (Esau) ist dabei die Verkörperung des Sommerhalbjahres, er ist der Erstgeborene, rothaarig und rauh, und er arbeitet auf dem Felde. Damit ist er das Sommerhalbjahr, in welchem die Sonne alles auf dem Felde gedeihen läßt.
Sein Bruder Jakob ist glatt und kahl, er ist, wie uns der Dreikönigsbrauch zeigen wird, die Verkörperung des Winterhalbjahres.
Isaak erblindet und kann seine Söhne nur noch an der Haut und an der Stimme erkennen. Die Erblindung des Isaak steht in Einklang zur Blendung des Ödipus.
Dieser Verlust des Augenlichts bedeutet Herbstanfang und Winter. Rebekka, die Mutter, stiftet ihren Sohn Jakob an, sich den Segen der Erstgeburt zu erschleichen. Er solle zwei Widderböcke schlachten, sich die Haut überziehen, das Fleisch zubereiten und es seinem Vater bringen. Jakob aber sagt: „Was, wenn mein Vater den Betrug merkt und mich verflucht, statt mich zu segnen?“ „Gehe hin und tue, was ich dir sage“, ist die Antwort seiner Mutter Rebekka.
Man achte auf die ausgewogene und sorgfältige Führung des Kultspiels. Ehe Jakob sich den Segen der Erstgeburt von seinem erblindeten Vater erschleicht, kehrt sein Bruder Issau vom Felde heim. Er ist müde und hungrig. Das heißt: der Sommer ist vorbei, die Sonne kehrt

heim ins Mutterhaus, als das des Winterhalbjahr galt.
Jakob hat ein Linsengericht bereitet, von dem begehrt Esau zu nehmen. Jakob aber fordert für dieses Linsengericht das Erstgeburtsrecht von seinem Bruder.
Was bedeutet dem Hungrigen und Müden die Erstgeburt, er gibt sie hin für ein Linsengericht. Beachten wir hier: jener frühe Mensch, von dem dieser Bericht stammt, war Sammler und höchstens noch Gartenbauer, der in Waldnischen seine Kultur anlegte.
Das Fleischgericht, das Jakob seinem Vater brachte, beinhaltet daher etwas ganz anderes, als daß man Fleisch zur Nahrung nahm: Der Widderbock war das Symboltier für den Winter, der zum Frühjahrsanfang geopfert wurde.
Jakob betrügt also in zweierlei Hinsicht seinen erblindeten Vater: Einmal betrügt er ihn um den Segen der Erstgeburt, und zum anderen schwindelt er ihm mit den geopferten Widderböcken vor, daß es schon wieder Frühjahr sei.
Als Sammler wußte der Mensch, daß er den Winter über von anderer Frucht zu leben hatte als im Sommer, da alles in der Natur zur Genüge vorrätig war. Und diese haltbaren Früchte waren eben die Linsen, die uns auch in dem Märchen Aschenbrödel begegnen.
Das Linsengericht war ein Kultgericht zum Herbstanfang.
Derweil nun Esau beim Herbstgericht verweilt, begibt sich sein Bruder Jakob zu seinem Vater Isaak und erbittet sich den Segen der Erstgeburt.

Dieser bemerkt zwar den Betrug, ist sich aber dessen nicht ganz sicher: „Du hast die Stimme Jakobs, aber die Haut Esaus. So knie denn nieder, und ich will dich segnen!"
Kaum aber hat Jakob den Segen der Erstgeburt erlangt, ist sein Bruder Esau mit dem Linsengericht fertig, begibt sich zu seinem Vater und erbittet den Segen der Erstgeburt. Der Verdacht Isaaks ist nun bestätigt, aber er kann nichts mehr daran ändern. So sagt er: „Trage das Joch Jakobs; denn es wird der Tag kommen, da du das Joch Jakobs von deinem Halse reißen wirst!"
Mit diesem Wort Isaaks ist das Kultspiel zu Ende, und diese Verheißung bedeutet: „Wir haben nun zwar Winter, zu dessen Zeit du das Joch Jakobs zu tragen hast, Finsternis und Not, aber es wird der Tag kommen, da du das Joch Jakobs von deinem Halse reißen wirst, das ist der Frühjahrsanfangstag, dann wird es wieder Sommer und Nahrung wird genug sein, und Licht und Freude und Frohsinn und Heiterkeit."
Es versteht sich eigentlich von selbst, daß Jakob mit der Ausstattung jenes Segens der Erstgeburt in der Folge des Kultspiels seinerseits selbst zur Sonne avanciert, seine 12 Söhne und die eine Tochter werden auf den Tierkreis eingeordnet (s. S. 66).

Das atlantische THUL — THIIUL

Erst wenn wir uns rückerinnern auf unseren eigenen Ursprung, wenn wir nacherleben, wie der Mensch Mensch wurde, können wir uns selbst verstehen.
Dieser Rückblick zu uns selbst geht dann bis in die Frühzeit, bis in jene Zeit, da auch die Quelle der Esoterik fließt.
Sich aus seiner Angst der Unkenntnis und Unsicherheit, der Ungewißheit zu befreien, das war der Antrieb jenes Menschen, der ihn in den Himmel aufblicken ließ, um dort das Gesetz zu erkennen, das zum tragenden Fundament allen Wissens wurde:
Das Ordnungsprinzip der Welt, das er im Goldenen Schnitt erkannte und darstellte.
Antwort ward dem Menschen jener Frühe, und er wurde gefaßt, ruhig und selbstsicher. Ist es ein Wunder, daß dieser Gedanke ihn erfüllte und zu seinen Schöpfungen bewegte?!
Er hatte Einblick erhalten in die inneren Zusammenhänge, er erkannte und erfaßte das Wesen der Zahl, die ihm die Möglichkeit der Überprüfung, des Vergleichs und der Meßbarkeit gab.
Und so nannte er diese Erkenntnis THUL. Dieses Wort beinhaltete die Begriffe: Gesetz, Zahl und Sprache — die Drei-Einheit aller Dinge war entdeckt: Körper — Seele — Geist.
Wie wichtig dem Menschen die Zahl war, wird in unserem Begriff er-zählen deutlich. Etwas berichten wird hier mit der Zahl in Zusammenhang gesehen. Dieser Begriff entstammt wie so vieles der Himmelskunde des frühen Menschen, er zählte die Stunden, Tage, Wochen, Monde und Jahre, und das darin waltende Gesetz wurde er-zählt.
Das Gesetz zu erkennen, bedarf es der Zahl, die Zahl begreiflich zu machen, bedarf es der Sprache. So sind sie ursprünglich, diese drei: THUL — Gesetz, Zahl und Sprache.

Wie sehr sie eine Einheit bildeten, erfahren wir heute noch aus der holländischen Sprache, dort gibt es für die beiden Begriffe Zahl und Sprache nur ein Wort: TAAL.
Dieser Begriff THUL für Gesetz wurde in der regen Fantasie des damaligen Menschen bald zu einem waltenden Menschen erhoben, zu einer wirkenden Gottheit, die, da die Sonne Quell und Wurzelkraft des Lebens ist, mit der Sonne identifiziert wurde.
Von der Sonne empfing man die Kenntnis des Gesetzes, von ihr mit Hilfe eines Schattenstabes die ersten Schriftzeichen, von ihr also auch die Sprache, die Zahl und alles Wissen, die Kunst des Musizierens, des Gesangs und des Tanzes. Dieser THUL als Gesetz und personifizierte Sonne erhielt bald einen Genitiv für das Geschehen in der Mittwinternacht. Und dieser Genitiv des THUL war THIIUL, was soviel hieß wie „Der, der das Leben wiederbringt".
Wir danken es den Forschungsarbeiten Max Müllers, daß wir heute die Herkunft der Gottnamen Ziu, Zeus, Diauspitar und Jupiter aus dieser Wurzel kennen.

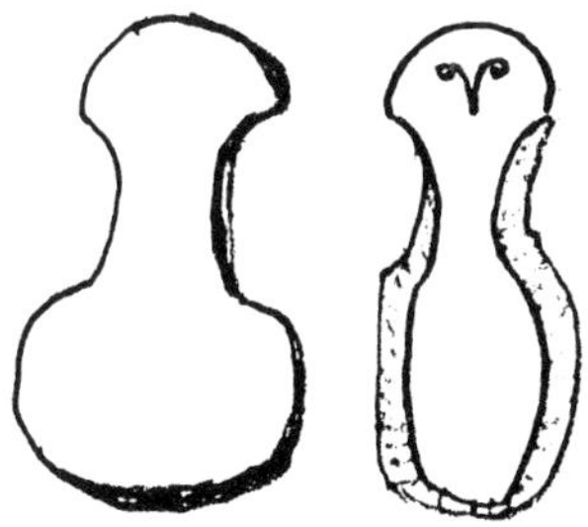

Marmoridole (Schliemann)

Friedrich Max Müller und der Ursprung des Gottnamens Zeus

Friedrich Max Müller lehrte in Oxford Sprachwissenschaften und Sanskrit, er wurde zum Begründer der vergleichenden Sprach-, Mythen- und Religionsforschung. Er erkannte Sanskrit als nordische Sprache, die von frühen Siedlern nach Indien gebracht wurde. Diosin heißt im Sanskrit leuchten. Dieses diosin aber hieß ursprünglicher thiiusin und schliff sich zu diosin ab. Pitar heißt Vater und Diauspitar: der leuchtende Vater. Eine Bezeichnung für die leuchtende Sonne am Himmel.
Der atlantische THUL und THIIUL (später nur noch THIU) stecken ebenfalls in dem germanischen ZIU, in dem griechischen Zeus wie im römischen Jupiter, ferner im germanischen YUL wie in der Vorsilbe YU. Die atlantische Wurzel thiusin = leuchten (später diosin) steckt auch in dem Volksnamen deutsch (s. Neumann-Gundrum: „Der Volksname Deutsch").

THUL — Till Eulenspiegel

Der alte THUL, dessen Zeichen das Jahrgnomon war , lebt im Till Eulenspiegel fort. Er hält uns den Spiegel vor und achtet auf jedes Wort. Schließlich finden wir die Bestätigung für die Behauptung in der Eule durch Heinrich Schliemann. Bei der Ausgrabung Trojas fand er den Jahrgnomon zu einer Eule gestaltet. Heinrich Schliemann berichtete von diesen Eulen: „. . . sie müssen in hohem Ansehen gestanden und hohe Verehrung genossen haben. Ich fand diese merkwürdigen zu Eulen gearbeiteten Steine nur auf den Hausaltären . . ."

Marmoridole nach Heinrich Schliemann aus der Zeit der „dritten" verbrannten Stadt (Troja II). Diese Zwergmenhire wurden immer in Altarnischen gefunden. Sie müssen ein altes kultisches Vorbild sein, das über Jahrtausende hin beibehalten wurde (s. S. 80 und 82).

Die megalithische Himmelsbeobachtung entwickelte zwei Symbole für Sommer und Winter: dazu in Übereinstimmung zwei Symboltiere, den Stier mit seinem nach oben gehenden Horn für den Sommer und den Widder mit dem nach unten gebogenen Horn für den Winter.
Im kultischen Brauchtum der Spätzeit wurde daher der Widder zum Frühjahrsanfang, der Stier zum Herbstanfang geopfert.

Aus der Sonnenbeobachtung ergab sich die Megalithmühle, und das uns heute noch bekannte Mühlespiel war ein Kultspiel zum Frühjahrs- wie zum Herbstanfang.
Die Sonnenbeobachtung lieferte dem Menschen ein weiteres Symbol, das bis heute hohe Verehrung genießt, es ist das Jahrgnomon, das

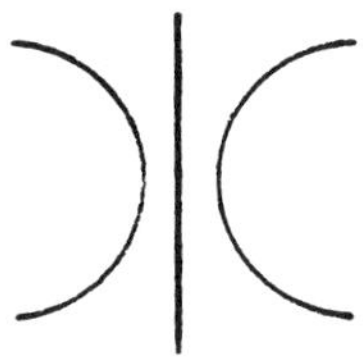

Jahresschattenzeichen. Es ist die Urform unseres heutigen H, das Symbol der Fische im Tierkreis.
Das Jahrgnomon wurde zur Eule. So fand Heinrich Schliemann bei der Ausgrabung in Troja das Jahrgnomon in Stein gearbeitet auf den Hausaltären.
Ebenso hat der Stab als Symbol der Weisheit, der Würde und des Wissens seine hohe Bedeutung aus der Himmelsbeobachtung: sein Schattenfall kündete dem Menschen die Zeit.

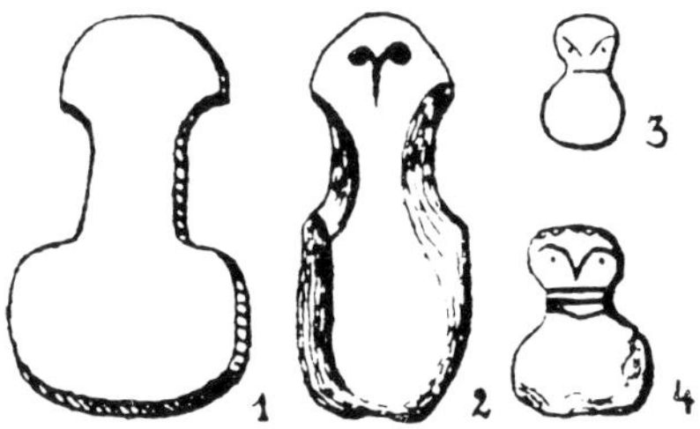

1–4. Troja. Marmoridole aus der ‚dritten' verbrannten Stadt (Troja II) Umzeichnung in knapp ¼ natürl. Größe.
5. Mykenä. Goldener Siegelring aus dem 6. Schachtgrab. Umzeichnung in doppelter natürlicher Größe. Das Königspaar bittet die Große Mutter um ein Kind. Der König ist als Weib verkleidet. Über seinem rechten Arm schwebt die Doppelaxt, über dem der Königin das Palladion.
nach Heinrich Schliemanns ‚Ilios' und ‚Mykenä'

Gnomon oder Schattensäule

Tageswanderung der Schattenspitze im Wechsel der Jahreszeiten, errechnet für 24° Ekliptikschiefe

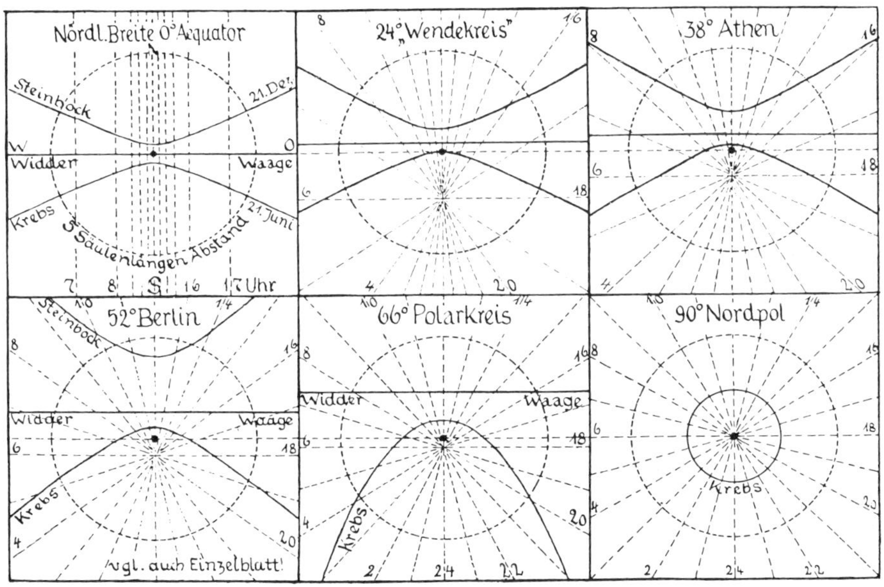

Die atlantischen Schrift- und Zahlzeichen

Die Runen

An dieser Stelle geben wir erst einmal die atlantischen Schriftzeichen, die zugleich Zahl waren. Sie enthielten weitere Bedeutungen, auf die wir hier nicht eingehen können, weil dies ein eigenes Buch erfordern würde. Hier genüge soviel, als wir benötigen, den später zu bringenden Dreikönigsbrauch in seiner Aussage verstehen zu können.
Nach der Entdeckung vom wahren Runenschlüssel durch Leni Dörr sind wir nunmehr in der Lage, auch über die Zahl in die Geisteswelt des frühen Menschen einzudringen. Buchstabe und Zahl galt ihm als eine Einheit, sagen wir doch auch noch, wenn wir etwas berichten, er-zählen.

Bei ihren Forschungen fand Leni Dörr, daß die Gottnamen des Altertums atlantischer Herkunft immer den Zahlwert 36 hatten. Gesucht hatte sie den Zahlwert 72, aber sie fand den halben Wert 36. Das gab uns zu denken und forschten in diese Richtung weiter.

Wenn der Sonnengott in der Mittwinternacht seine Wiedergeburt erlebt und den neuen Namen bekam, erhielt er mit diesem Namen den Zahlwert 44. Was sollte das?
Auf der einen Seite nur den halben Wert der „vorrückenden“ Bewegung, auf der anderen Seite in der Bedeutung „der Erfahrene“, also der, der um das Geheimnis von Tod und Geburt weiß, 44.
Sollte auch das nur der halbe Wert des Ganzen sein? Dann wäre das Ganze 88.
Verfahren wir einmal nach dieser Mutmaßung, dann haben wir 36 zu vervollkommnen auf 72, auf die „vorrückende“ Bewegung der Sonne mit ihren Kardinalpunkten im Tierkreis und 44 auf 88, das ist die Summe an Tagen eines Merkurumlaufs.
Merkur galt den Alten als Prinzip des Ausdrucks sowohl verbal als nonverbal, als Rechner und Berechner.
Woher hatte der Mensch diese Vorstellung? Ebenfalls aus Himmelsbeobachtung. Der Mensch setzte den Merkumlauf mit 88 Tagen zum Mondumlauf in Beziehung. Daraus ergab sich folgende Rechnung:
88/28 können wir über
44/14 zu

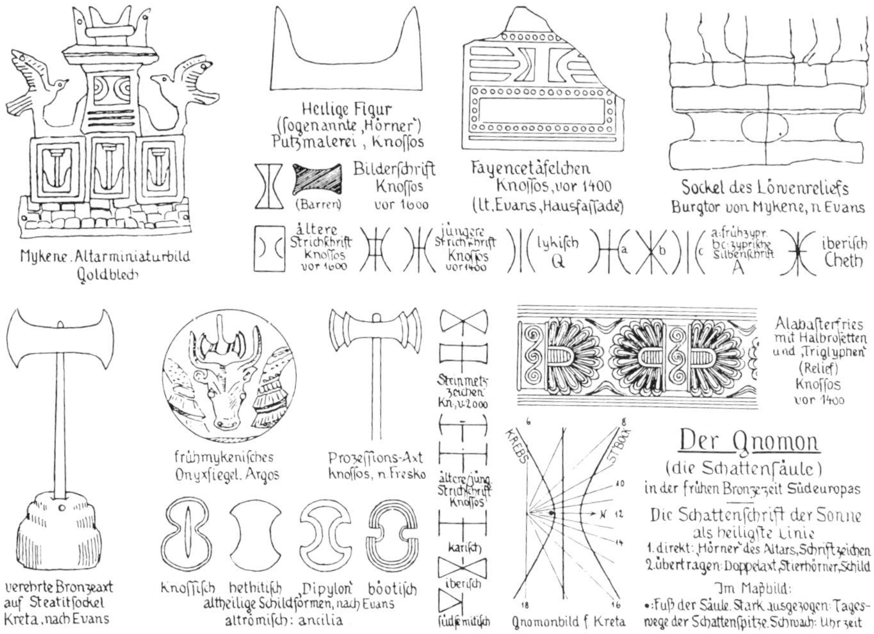

22/7 kürzen
und das ist die Kreiszahl Pi,
π 3,1415 926,
zur Kreis- und Kugelberechnung.
Wie wir weiter vorne sahen, ergab sich diese auch aus der Addition der beiden Wurzeln aus $\sqrt{2}$ und $\sqrt{3}$.

Da sich die Wurzeln der natürlichen Zahlen nach der Pythagoreischen Spiralkurve auf einfache Weise ermitteln ließen, dürften die Atlanter auch die Bruchrechnung gekannt haben, wie es Platon im Timaios erkennen läßt (s. Das Lambdoma des Pythagoras).

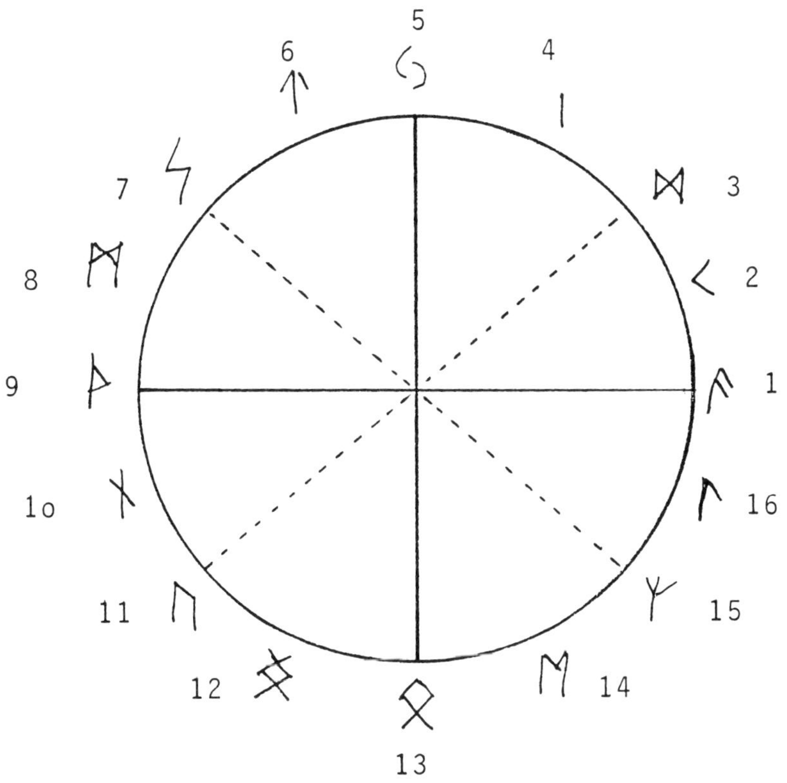

Runenkreis: Walther A. H. Dürr, Zahlen von Leni Dörr

Verbinden wir die Senkrechte und die Waagerechte, also das statische Kreuz, so erhalten wir den Wert 9 + 1 + 5 + 13 = 28. Es ist das Kreuz des Mondes, verbinden wir die Runen des dynamischen Kreuzes, des Sonnenkreuzes, dann erhalten wir 11 + 3 + 7 + 15 = 36.

Und damit haben wir den Schlüssel, warum die Namen der Leben wirkenden Sonnengötter den Zahlenwert 36 haben. Steigen aber diese Sonnengötter ab zu ihrem Ort der Wiedergeburt, so erhalten sie den Wert 44. Das ist der Zahlenwert der Erfahrung.

Wie sinnvoll und überlegt der Atlanter den Namen der personifizierten Sonne auf der einen Seite und die Begriffe im allgemeinen nach dem Zahlenwert wählte und bestimmte, wollen wir an einigen Beispielen zeigen. Zunächst ist es der Begriff

THUL

THUL lernten wir weiter vorne schon kennen als Gesetz in seiner dreifachen Bedeutung: Gesetz, Zahl und Sprache.
Da das erkannte Gesetz von der Sonne gespendet wurde bzw. die Sonnenbeobachtung zu dieser Erkenntnis führte, war das Gesetz gleichzeitig der Begriff für die alles Leben spendende Sonne. Damit aber umfaßte diese Sonne den Zeitraum von Frühjahrs- bis Herbstanfang, folglich über drei Kardinalpunkte: Frühjahrspunkt, Sommersonnenwende und Herbstanfang.
Nun steigt die Sonne ab in die Tiefe und wird bald ihre Wiedergeburt erleben. So aber kann sie nicht mehr THUL heißen; denn die ihre Wiedergeburt erlebende Sonne wird zum Erfahrenen und erhält den Zahlenwert 44. Mit dem Begriff THUL verfuhr man folgendermaßen:

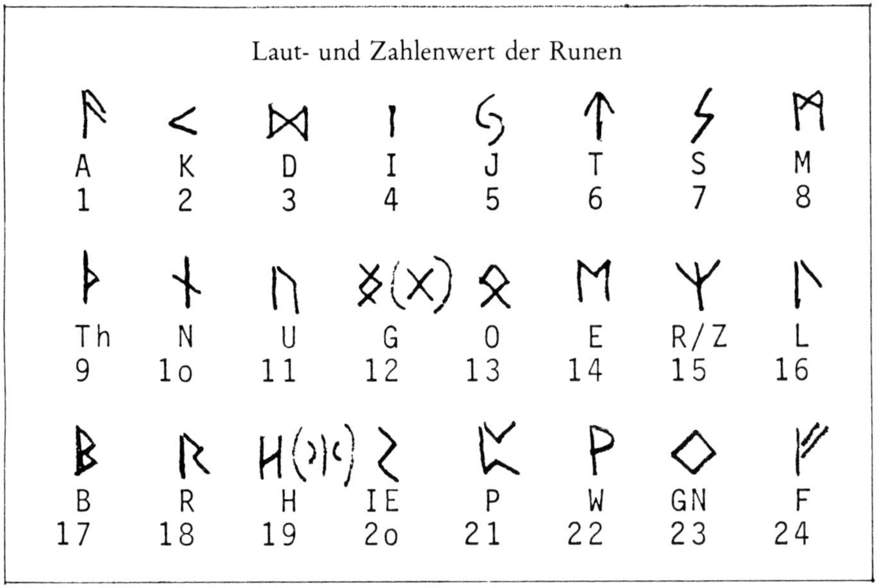

Rune und Zahl

Begriff

Th	U	L		
9	11	16	=	36

Th	I	I	U	L		
9	4	4	11	16	=	44

Geben wir noch einige Beispiele von Sonnengottbezeichnungen des Altertums. Der illyrische Sonnengott hieß: *Sol*

S	O	L		
7	13	16	=	36

Der indische Sonnengott: *Indra*

I	N	D	R	A		
4	1o	3	18	1	=	36

Der keltische: *Abala*

A	B	A	L	A		
1	17	1	16	1	=	36

Sein die Winterjahrhälfte vertretender Bruder hieß Mithras und war infolgedessen der Erfahrene, der um die ewige Wiedergeburt wußte.

M	I	Th	R	A	S		
8	4	9	15	1	7	=	44

Er tötet seinen Bruder Abala als Urstier zur winterlichen Wiedergeburt. Der indische *Issus*, ein Sohn des Sonnengottes und der Maya:

I	S	S	U	S		
4	7	7	11	7	=	36

Von diesem gibt es einen direkten Weg zum Christentum und zu Jesus, zumal die Inschrift über dem Kreuz den Zahlenwert 36 ergibt:

I	N	R	I		
4	1o	18	4	=	36

Die Inschrift über dem Kreuz weist den Gekreuzigten als die Sommersonne, *Jesus* hingegen als den *Erfahrenen* aus.

J	E	S	U	S	=	
5	14	7	11	7	=	44

Bis ins Christentum hinein blieb das atlantische Erbe bewahrt.

To grow englisch heißt wachsen, holländisch grouwen. In der Edda heißt die Erdmutter *Groa.* Die Erd-

ᚷ	ᚱ	ᛟ	ᚨ		
G	R	O	A		
12	18	13	1	=	44

mutter ist die *Erfahrene,* die aus ihrem Schoße immer wieder neues Leben entläßt und auch selbst die Wiedergeborene ist.

Zum allgemeinen Verständnis genüge dies.

Die Präzession und der Dreikönigsbrauch

Nachdem dem Menschen auch die „vorrückende" Bewegung des Frühlingspunktes offenbar geworden war, gab der Mensch der Sonne 72 Namen, die er fortlaufend von Jahr zu Jahr der wiedergeborenen Sonne zur Mittwinternacht gab. Mit dieser Namensgebung (vergleiche Off. 3,12: „Und ich werde ihm den Namen geben, den neuen.") wurde die „vorrückende" Bewegung gezählt. Waren die 72 Namen durch, so legte man die Kardinaltage der Sonne: Frühjahr-, Herbstanfang und die beiden Sonnenwenden um einen Tag vor.
Mit dem Dreikönigsbrauch und seiner Rückführung auf atlantisches Erbe und Brauchtum leiten wir die Betrachtung und Rückführung des Christentums auf sein altatlantisch-heidnisches Erbe ein.
In katholischen Gegenden ist es heute noch Brauch, daß der älteste Mann der Sippe den Seinen nach dem Kirchgang im Hause voraufgeht und über eine jede Tür folgendes schreibt:

B + M + K + J

Das heißt wörtlich: Balthasar und Melchior und Kaspar und Jesus.
In dieser Weise habe ich es als Kind noch kennengelernt, heute ist es vielfach entstellt und wird wie folgt oft geschrieben:

19 B + M + K 84

Obige Schreibweise aber ist die ursprünglichere, denn sie läßt das atlantische Erbe erkennen, dieser Spruch nämlich enthält eine himmelskundliche Mitteilung von der „vorrückenden" Bewegung des Herbstpunktes und der übrigen Kardinalpunkte.
Als dann infolge der Christianisierung die atlantischen Schriftzeichen, die Runen, durch lateinische ersetzt wurden, hielten die Menschen an ihren Bräuchen fest und übertrugen die Zahlbedeutung auf dieses neue Alphabet.

So entstanden:
von a—i die Einer
von j—r die Zehner und
von s—z die Hunderter.
Da z aber nur 800 ergab, wählte man für 900 S = 100 und Z = 800, die SZ-Schreibweise. Diese ist heute noch im Deutschen gebräuchlich.

a	b	c	d	e	f	g	h	i
1	2	3	4	5	6	7	8	9
j	k	l	m	n	o	p	q	r
10	20	30	40	50	60	70	80	90
s	t	u	v	w	x	y	z	sz
100	200	300	400	500	600	700	800	900

Übertragen wir dies nun auf den Dreikönigsbrauch, dann ergibt sich aus diesem folgende Mitteilung:

B + M + K + J
2 + 40 + 20 + 10 = 72.

Aus dem Isaak-Bericht wissen wir, daß Jakob eine Bezeichnung für den Herbstanfang war, folglich heißt die Mitteilung dieses Brauchs:
„Alle 72 Jahre rückt Jakob (Herbstanfang) um einen Tag weiter vor."
Es blieb sich gleich, ob man dies auf den Herbst- oder Frühjahrsanfang bezog, die Bewegung ist für alle Kardinalpunkte gleich.

Die „vorrückende" Bewegung in der Apokalypse

Da wir gerade bei der „vorrückenden" Bewegung des Äquinokts — so heißen Frühlings- und Herbstanfang, weil dann die Sonne den Himmelsäquator auf- oder absteigend überschreitet, was im Osterfest der Christen als Tod des Opferlamms, als Widder für den Winter, gefeiert wird — sind, befragen wir die Apokalypse.
Die Bewegung des Frühlingspunktes, darauf sei noch einmal hingewiesen, ist entgegengesetzt der jährlichen Sonnenbahn. Rückt die Sonne auf der jährlichen Bahn vom Widder zum Stier, Zwillinge, Krebs usw., so verläuft die „vorrückende" Bewegung des Äquinokts entgegengesetzt vom Stier zum Widder, Fische, Wassermann usw.
Hören wir, was uns die Apokalypse in dieser Hinsicht zu sagen hat:
„Sehet, dies ist das Lamm Gottes, das *erwürgt* ist seit Anfang der Zeit . . ."
Wir fragen zu Anfang welcher Zeit? Zu Anfang des Fischezeitalters? Tatsächlich wird Jesus, Issos-Christos unter dem Symbol der Fische verehrt. Ein Teil seiner Apostel erwählt er aus dem Fischerstand. In der Erneuerung der Gralsrunde erscheint Issos-Jesus-Christos durch die verschlossene Tür und legt zwei Fische an die Ecke der Tafel. Diese zwei Fische sind das Symbol des Fischezeichens und damit des Fischezeitalters. Genauso läßt er bei der wunderbaren Brotvermehrung zwei Fische reichen und sammelt am Ende noch 12 Körbe voll Brotkrumen auf.
Diese 12 Körbe sind eine Anspielung auf die 12 Tierkreiszeichen, die wir im Märchen als die 12 goldenen Teller fanden.
Folglich heißt es denn auch in der Apokalypse von Issos-Jesus:
„Er wird wiederkehren mit einer Stimme wie großes Wasserrauschen."
Hier haben wir die Tierkreisfolge:

Lamm Gottes	= Widder,
Fische	= Fische,
Stimme wie großes Wasserrauschen	= Wassermann,

also Widder, Fische, Wassermann.

Hier sei angemerkt: Im Jahre 1950, am 21. März, genauer am 20. abends um 20.17 Uhr, rückte der Frühlingsaufgang in das Tierkreiszeichen des Wassermann.

Seither schreiben wir das Wassermannzeitalter, welches das Altertum als das Zeitalter der Erneuerung verstand, die körperliche wie seelisch-geistige Erneuerung des Menschen und der Erde.
Tatsächlich steht heute alles auf des Messers Schneide:
Wandlung oder Selbstvernichtung.

Die jungfräuliche Geburt christlicher Legende

Wir können dieses Kapitel nicht abschließen, ehe wir nicht die wesentlichsten christlichen Feiertage und die jungfräuliche Geburt auf ihre himmelskundliche Aussage bezogen haben. Was dem Menschen am schwersten verständlich war, war ja gerade die jungfräuliche Geburt. Sehen wir sie aber vor dem realnatürlichen Hintergrund der Himmelskunde, löst sich dieses Geheimnis von selbst.
Als im Zuge der Präzession der Frühlingspunkt vor nunmehr 2190 Jahren (genauer 2194) aus dem Widder in die Fische trat, rückten gleichzeitig Herbstanfang in die Jungfrau, Sommersonnenwende in die Zwillinge und die Wintersonnenwende in den Schützen.
Erlebte nun die Sonne in der Mittwinternacht im Schützen ihre alljährliche Wiedergeburt, so war das Sternbild der Jungfrau zur nämlichen Stunde das aufsteigende Sternbild am Osthimmel.
Zur Stunde dieser Geburt des Lichtes trat die Jungfrau am Osthimmel über den Horizont. Sie kündet als das aufsteigende Sternbild die jungfräuliche Geburt Christi, der Sonne.

Tierkreis mit kosmischem Jahrkreuz

AC: Aszendent, das aufsteigende Gestirn: Jungfrau;
DC: Deszendent, das absteigende Gestirn: Fische;
MC: das kulminierende Sternbild im Zenith: Zwillinge;
NC: Nadir: Schütze

Und zum Frühjahrsanfang, damals als sich diese im Sternbild des Widder vollzog, trat die Jungfrau wieder, dieses Mal als das absteigende Gestirn, unter das Kreuz; denn zum Frühjahrsanfang erreicht die Sonne den eigenen Kreuzungspunkt ihres kosmischen Radkreuzes (siehe Tierkreis). Das ist die esoterische Aussage zur Kreuzigung Christi: Die Sonne erreicht ihren eigenen Kreuzungspunkt.

Weitere christliche Festtage

Betrachten wir noch kurz weitere christliche Festtage vor dem realnatürlichen Hintergrund megalithischer Himmelskunde, und zwar St. Martin, Weihnachten, Maria Lichtmeß, Karneval, Palmsonntag und Ostern.

Das Fest zur Weihnacht ist in seiner Bedeutung klar, es stellt die Wintersonnenwende dar und war einst Geburtstag des keltischen Sonnengottes.

Da diese Wende damals auf dem 25. Dezember lag, bestimmte man diesen Tag als Geburtstag Christi und merkte dann im Mittelalter, daß sich Weihnachten und Ostern aufeinander zu bewegten.

Die Kirche unternahm ungewöhnliche Anstrengungen, das zu vermeiden und band den Frühjahrsaufgang mittels der Kalenderreform von Gregor XIII. an den 21. März. Durch die Bulle vom 1. März 1582 ließ Gregor XIII. auf den 4. Oktober unter Fortlauf der Wochentage den 15. Oktober folgen und ließ so 11 Tage einfach ausfallen. Inzwischen hatte sich der Frühlingsanfang vom 21. März auf den 10. März vorverlegt. Es war abzusehen, daß die Gläubigen diese kosmische Unstimmigkeit zwischen Weihnachten und Ostern bald gewahr werden würden. Durch diese Kalenderreform ist dann auch eine kosmische Unordnung hervorgerufen worden: Der Frühlingsanfang wurde auf den 21. März für alle Zeiten festgebunden, derweil darunter der Frühlingspunkt sich im Tierkreis nach wie vor „vorrückend“ fortbewegt. Die Monate stimmen daher nicht mehr mit dem ursprünglichen Tierkreis überein. So feiern wir z. B. Frühjahrsanfang am 21. März, derweil der tatsächliche Frühaufgang der Sonne sich im Tierkreiszeichen des Wassermann vollzieht. Der christliche Kalender geht gegenüber dem kosmischen Zeitenwandel bereits um einen ganzen Monat nach.

Doch zurück zu unserem Thema.

44 Tage vor Weihnachten feiern wir St. Martin und 40 Tage nach Weihnachten Maria Lichtmeß. An bestimmten Punkten der Himmelsbeobachtung im Megalith wurde der Stand der Sonne von St. Martin bis Weihnachten und von Weihnachten bis Maria Lichtmeß beobachtet, zu Maria Lichtmeß nämlich hat die Sonne sich schon wieder so weit über dem Horizont erhoben, wie sie zu St. Martin absteigend war. Das ist der tiefere und esoterische Grund, warum dieser Tag Maria Lichtmeß heißt: Das Licht bzw. der Stand des Lichtes wurde an diesem Tage gemessen.

Karneval

Im gleichen Monat von Maria Lichtmeß, im Februar, dem einst letzten Monat des Jahres, feiern wir auch Karneval. Der Monat Februar hieß einst Hornung, und das Wort Karneval bedeutet: karn (kornus) Horn, Eh (e) Schlange und Val = heilig, „das Fest der gehörnten Schlange" und bezieht sich direkt auf den Mond.

Tatsächlich bestimmt denn auch der Neumond im Monat Februar den Fall des Karnevalsfestes. Dieses Fest wird eröffnet mit dem Fet(t)donnerstag, 5 Tage vor dem eigentlichen Fasenachtsfest.

Die Zahl 5 ist der Venus und damit auch der Liebe zugeordnet, und fasen bedeutet zeugen. So bedeutet denn auch der Fet(t)donnerstag eigentlich Fet, vom Altisländischen fetom = im Trab, das wird später zum lateinischen fatum = Göttersprach, Weissagung, Schicksal.

Vom Fasenachtsdienstag bis Palmsonntag vergehen 39 Tage. Das sind symbolisch die 39 Wochen von der Zeugung bis zur Geburt des Menschenkindes.

Palmsonntag selbst, vom gr. palim = Wende, bedeutet der eigentliche Frühjahrsanfang. Darum reitet Jesus auf einem Eselfüllen in Jerusalem ein: Jesus = Sonne und Esel = Mond, bestimmt doch der Mond den Fall des Karnevalsfestes und von daher Ostern bzw. Palmsonntag.

Von Fet(t)donnerstag bis Ostern vergehen 52 Tage, das sind symbolisch die 52 Wochen des Jahres.

Christi Himmelfahrt ist eindeutig das Fest der aufsteigenden Sonne in den Gipfel ihrer Jahresmacht, der Aufstieg zur hl. Hochzeit. Tatsächlich wird Jesus denn auch als Bräutigam und Hochzeiter benannt.

Pfingsten ist das Fest des Hl. Geistes, meint aber die Verehrung des Vogels als Symbol der Zeugung. In der Vulgärsprache wird diese Beziehung von Zeugung und Vogel noch offenkundig.

Außerdem bringt der Storch deswegen die kleinen Kinder, weil er dann in unsere Bereiche zurückkehrt, wenn das erste Kind der neuen Ehe geboren wurde, war dies doch zur Sommersonnenwende gezeugt und wurde folglich zum Frühjahrsanfang geboren. Der Engländer kennt deswegen noch den Bezug von Geburtstag zum Vogelstag = bir(d)thday.

Fronleichnam war das Fest der Wachstum, Reife und Segen spendenden Sommersonne Froh oder Freyr.

An diesem Tage sprengten die Bauern am Vorabend bei untergehender Sonne durch Gesang ins Wasser unter gleichzeitigem Rühren und Einwerfen von Metall, Lehm und Öl frequentiertes Wasser über die Saat. Den Brauch hat die christliche Kirche zwar übernommen, aber das Weihwasser der Kirche ist lange nicht mehr das von den Bauern damals bei untergehender Sonne frequentierte Wasser.

Der ganze christliche Kalender läßt sich mühelos auf den atlantischen Sonnenkalender zurückführen, doch wollen wir es mit den bisher aufgezeigten Festen bewenden lassen.

Die drei Eide der Pythagoreer

Von den Pythagoreern sind uns, wie gleich eingangs schon aufgezeigt, drei verschiedene Eidesformeln überliefert, die wir hier im Wortlaut noch einmal wiederholen:

1. „Wir schwören bei dem, der uns gegeben die heilige Vier, Quell der Wurzelkräfte immerströmenden Werdens."
2. „Wir schwören bei dem, der die heilige Vier gegeben unserem Geschlechte, Quell der Wurzelkräfte ewigen Seins."
3. „Ich schwöre bei dem, der unserer Seele das Geheimnis der Tetraktys anvertraut hat, in welcher die Quelle und die Wurzel ewiger Natur liegt."

Einige Pythagorasforscher sind der Ansicht, es sei unbedeutend gewesen, welche Eidesformel man sprach. Das stimmt nicht, unterscheiden die Eidesformeln sich doch deutlich im Text.
Die drei Eidesformeln lassen den Grad der Unterweisung und des Wissensstandes eindeutig erkennen.
Die erste Eidesformel ist allgemein gehalten, sie läßt noch nichts Besonderes erkennen, keinen Hinweis auf Atlantis. Anders ist dies schon in der zweiten Eidesformel. Hier ist eindeutig die Rede von „unserem Geschlechte . . .", zwar immer noch in der allgemeinen Form „wir" gehalten.
Dieses Geschlecht, dem die heilige Vier anvertraut war, war das Geschlecht der Atlanter, war doch der Lehrer des Pythagoras ein Hyperboreer, ein Atlanter. Und der einzelne dieses Geschlechts ist aufgerufen, das Erbe der Atlanter zu wahren. Darum heißt es in der dritten Eidesformel: „Ich schwöre . . ."
Die Verantwortung „für das unserer Seele anvertraute Geheimnis der Tetraktys" wird hier in die Hand des einzelnen gelegt.
Finden wir, außer den in dieser Schrift bisher gegebenen Beweise, weitere Anhaltspunkte über die Herkunft der Kultur aus atlantischen Breiten? Einen solchen, auf den wir uns berufen können, finden wir im Tilakbericht und in der Rückführung der fernöstlichen Initiationswörter auf ihren atlantischen Ursprung.

Tilak und die Veden

Im Jahre 1903 veröffentlichte der indische Forscher B. G. Tilak die Ergebnisse seiner Forschungen in Bombay in englischer Sprache: „The Arctic Home in the Vedas" (Die arktische Heimat in den Veden).
„Die ältesten vedischen Hymnen müssen von Priestern verfaßt worden sein, deren Heimat am Polarkreis gelegen war. Diese vedischen Sänger oder Priester besingen Naturphänomene, die nur dort zu beobachten sind. So z. B. die 30 Uschas, die als Göttinnen der Morgendämmerung über 300 Mal in 20 verschiedenen Gesängen sehr volkstümlich vorkommen.
Die Dämmerung in Indien aber ist nichts Besonderes, die Sonne steigt und fällt schnell ohne wesentliche Dämmerung wie in allen subtropischen Breiten. Ganz anders ist dies am Polarkreis, wo der Mensch über drei Monate lang keine Sonne erlebt. Und was das Auffallendste ist, hier am Polarkreis gibt es die 30 falschen Morgendämmerungen. Zur Wende bewegt sich die Sonne in einem Kreis und tanzt über dem Horizont — und ehe die Sonne

nach der kosmischen Nacht wiederkehrt, kündet sie diese Wiederkehr durch 30 falsche Morgendämmerungen, die in fünf Gruppen um den Horizont umgehen, an.
Bei der ersten falschen Dämmerung nach der kosmischen Nacht steigt das Rot leuchtend und glühend kurz über den Horizont, um sofort darauf wieder zu versinken. Von Tag zu Tag wird dieses Glühen der falschen Dämmerung mehr.

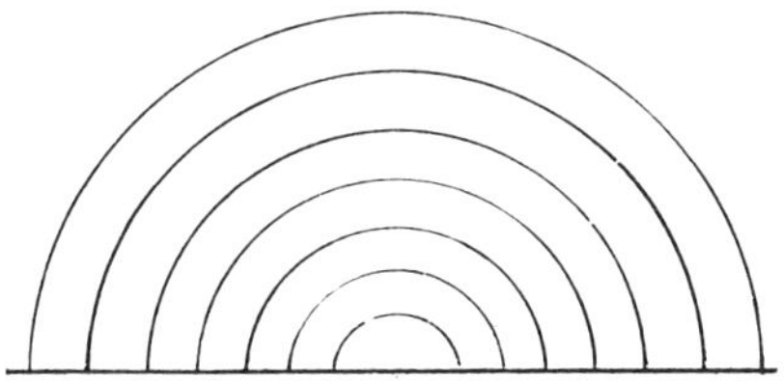

Horizont mit den zunehmenden Sonnenbögen nach der kosmischen Nacht. Gleichzeitig stehen sie symbolisch für die 30 falschen Morgendämmerungen, den sogenannten 30 Uschas.

Am 25. Tag nach Beginn des ersten Leuchtens über dem Horizont steigen fünf Knaben auf einen Hügel und rufen den Harrenden zu: „Wir haben sie gesehen, die Herrliche! In fünf Tagen wird sie wieder bei uns sein!"
Am 31. Tag erscheint dann die Sonne eben über dem Horizont, und von Tag zu Tag legt sie über den ersten kleinen Bogen einen größeren Bogen, bis sie zur Wende wiederum nicht untergeht.
Genauso werden die 30 Schwestern, die Uschas, in fünf Gruppen um den Horizont gehend, ehe die Sonne selbst wieder aufsteigt, besungen. Auf was anderes als auf dieses Naturereignis können sich diese vedischen Gesänge beziehen?!

Gibt es weitere Indizien?

Gibt es weitere Indizien, die auf den Norden als Ursprungsland für die Esoterik schließen lassen?
Ein solches Indiz wäre die klassische Musik und deren theoretische Grundlage, die Musiktheorie, die Ordnung unserer Musik, die auf dem erkannten Ordnungsprinzip des Goldenen Schnitts hinweist. In anderen Gegenden der Welt hat man dieses Ordnungsprinzip nicht zur Grundlage der musikalischen Aussage und Mitteilung gemacht.
Die Architektur der Gotik, die dieses Ordnungsprinzip zum steinernen Dokument werden läßt, ist musikgewordene Architektur.
Ordnungssinn und Realität des europäischen Menschen, Organisationsvermögen, Einfühlungsgabe, Verständnis, schöpferischer Impuls, Gestaltung, Ausdruck, Liebe zur Kunst als Mittel zur kosmischen Rückbindung, Einfügung in das erkannte kosmische Prinzip der Ordnung, um dadurch Harmonie zu erreichen, daher Liebe zu Musik, Tanz und Gesang sind dem Kundigen Beweis. Jeder andere Impuls zu

schöpferischer Tätigkeit auf dem Sektor Kunst drängt zur Verwirklichung eben dieser in der Musik zur Sprache und zu Ausdruck kommenden Elemente der Ordnung.
Ein wesentliches Indiz jedoch ist die Pythagoreische Lehre der Wiedergeburt. Pythagoras verstand darunter nicht die körperliche Wiedergeburt, sondern den Fortbestand und die neuerliche Inkarnierung der durch den Körper in Zusammenwirkung mit Seele und Intelligenz entwickelten musikalischen Struktur der Seele.
Die Seele wird hier verstanden als Träger der Frequenz, als musikalische Struktur und damit als bestimmter Stand einer musikalischen Entwicklung, die mit dem Ableben des betreffenden Körpers, der vorübergehend Träger derselben war und sie bis dahin entwickeln half, nicht zu Ende ist. Die Physik lehrt, daß nichts verloren geht, und was wir am Menschen lieben, ist — nicht einmal in der körperlichen Liebesbegegnung der Körper —, sondern die Art, wie ein Mensch sich gibt, sein Wesen, seine Liebenswürdigkeit, vielleicht die Stimme, alles immaterielle Dinge, die den Wert des Menschen ausmachen.
Man könnte es auf eine kurze Formel bringen und sagen: „Was wir am Menschen lieben, das ist die seelische Struktur, das ist das, was in ihm schwingt und folglich aus ihm ausstrahlt und uns auf diese Weise anspricht."
Sprechen wir nicht von Stimmung, von gestimmt oder verstimmt sein? Horchen wir doch einmal in die Sprache hinein, und wir erfahren viel mehr, als uns dies gemeinhin bekannt ist.
Das Kernstück der pythagoreischen Lehre war die Wiedergeburt, das ewige Sein. Und damit legte Pythagoras die Verantwortung für sein Ich und sein Schicksal in die Hand eines jeden selbst.
Das war dem Menschen unbequem und unangenehm, war er doch dem Irrtum verfallen, die Schuld außen, im andern, in den Umständen, in den Gegebenheiten und Situationen zu suchen. Der Mensch hatte es verlernt, zu sehen und zu wissen, daß die äußere Welt nur das Spiegelbild seines eigenen Innern ist: „Blicke in dich hinein, und du findest den Schlüssel für deine Umgebung; genauso hat deine Umgebung Schlüsselfunktion für dein eigenes Inneres."
Pythagoras forderte, diese Zusammenhänge zu erkennen und zu ergründen und führte alles auf Schwingung zurück — und das letztendlich ist Musik.
Pythagoras verstand die Seele als schwingende Saite, die in der Entwicklung eines Musikstückes über Dissonanzen und Konsonanzen zu größerer Harmonie strebt.
Wir wollen diesen pythagoreischen Gedanken mit Hilfe der Astrologie und deren grafischer Aufzeichnung ein wenig verdeutlichen.

Das Horoskop als seelische Struktur

Das Horoskop zeigt als Stundenskript, was Horos = Stunde und Skop = Blick (Skript) wörtlich meint: die seelische Struktur des betreffenden Natals (Geborener — Horoskop-Eigner). Die seelische Struktur gibt den augenblicklichen Stand einer musikalischen Entwicklung, also eine Dissonanz oder Konsonanz, die einer weiteren Entwicklung harrt und dieser auch entgegenstrebt.
Diese seelische Struktur offenbart dann natürlich auch die Problemstellung des betreffenden Natals, den Lernauftrag, den Lernprozeß — oder wie man auch sagen könnte, das geistige Zielbild.
Da Pythagoras alles auf das Wesentliche zurückführte, so auch in diesem Falle. Der Tierkreis ist mit seinen Sternbildern Aussage einer musikalischen Kraft, so sind den Sternbildern Dur- und Mollarten zugeordnet.
Der Tierkreis selbst besteht aus 12 Sternbildern, die sich in 5 : 7 ordnungsmäßig unterteilen. Die Ordnung der Zuteilung auf den Tier-

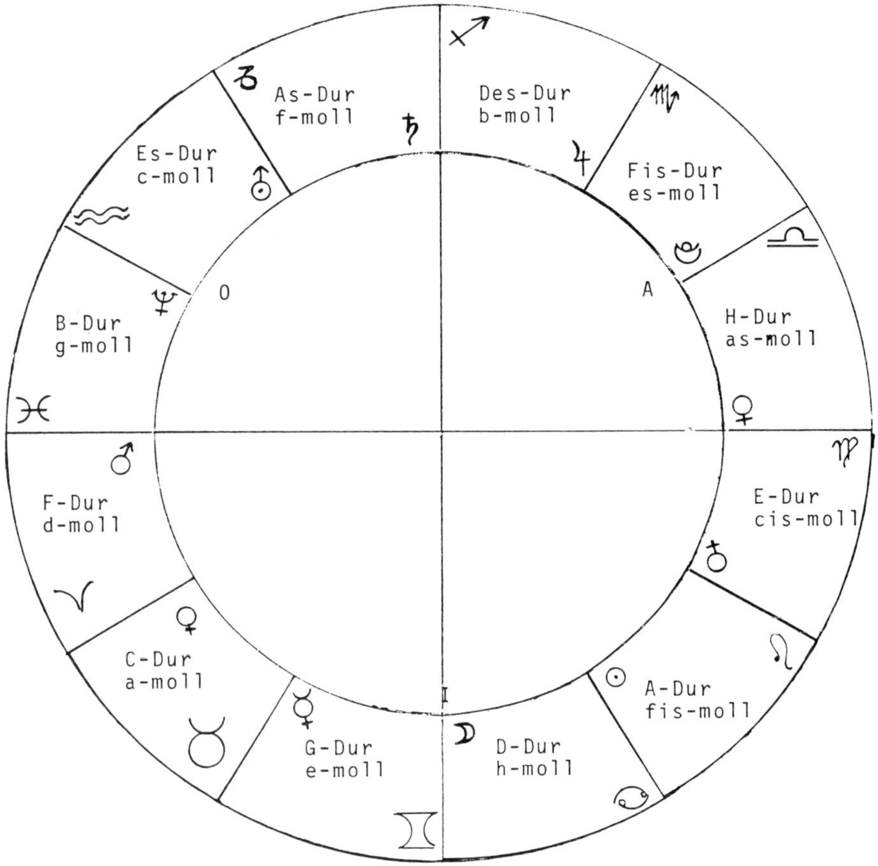

I A O

Der Tierkreis mit den Tonarten Dur und Moll
IAO wurde der Tierkreis in Atlantis genannt, und bedeutete soviel wie Gesetz. Das Initiationswort in den Tempeln war bis weit in unsere Zeit hinein Ägypten, Babylon, Hellas, China, Indien usw. IAO-OAI. Man erfaßte mit diesem Initiationswort die jährliche Sonnenbewegung und die rückläufige des Frühlingspunktes. Den drei Grundvokalen IAO waren die drei Grundfarben A Rot, O Blau und I Gelb zugeordnet. Geburtssonne und Aszendent ergeben den Grundakkord, die Konsonanz oder Dissonanz, genannt auch die seelische Struktur.
Der Urkaiser in China als Weltschöpfer war IAO genannt.

kreis erfolgt denn auch nach diesem Ordnungsprinzip:
Grundtonart — Dominante — Subdominante.
Jedes Sternbild klingt in seiner Grundtonart und ist nach obenhin von seiner Dominante, d. h. die nach der Quinte 5 Schritte höher liegende Tonart, und nach unten von der Subdominante, das ist die fünf Schritte nach unten liegende Tonart, umgeben.
Wir erheben bei dieser Darstellung und grafischen Erläuterung zum besseren Verständnis des pythagoreischen Gedankens keinen Anspruch auf Vollständigkeit, das läßt die Kürze des uns zur Verfügung stehenden Raumes nicht zu.
Was diese grafische Darstellung und Erklärung der Symbolsprache sofort erkennen läßt, ist die zugrunde liegende Denkweise. Es geht in der esoterischen Astrologie (Kosmobiologie) nicht um eine Zukunftsdeutung oder darum, das Horoskop zu befragen, was man tun darf und was nicht: Das Horoskop ist eine Aufzeichnung der seelischen Struktur, sprich musikalische Konsonanz oder Dissonanz, also das erfaßbare Moment einer Entwicklung, das die Problemstellung sichtbar macht und also den Weg zur Selbsterkenntnis eröffnet.
Selbsterkenntnis ist der erste Schritt zur Selbstverwirklichung und damit zur Selbsterfüllung und Selbstbehauptung.
Die Wichtigkeit, den Weg zu sich selbst zu gehen, wird aus dieser Problemstellung sichtbar und verständlich.
Die Sternbilder sind im natürlichen

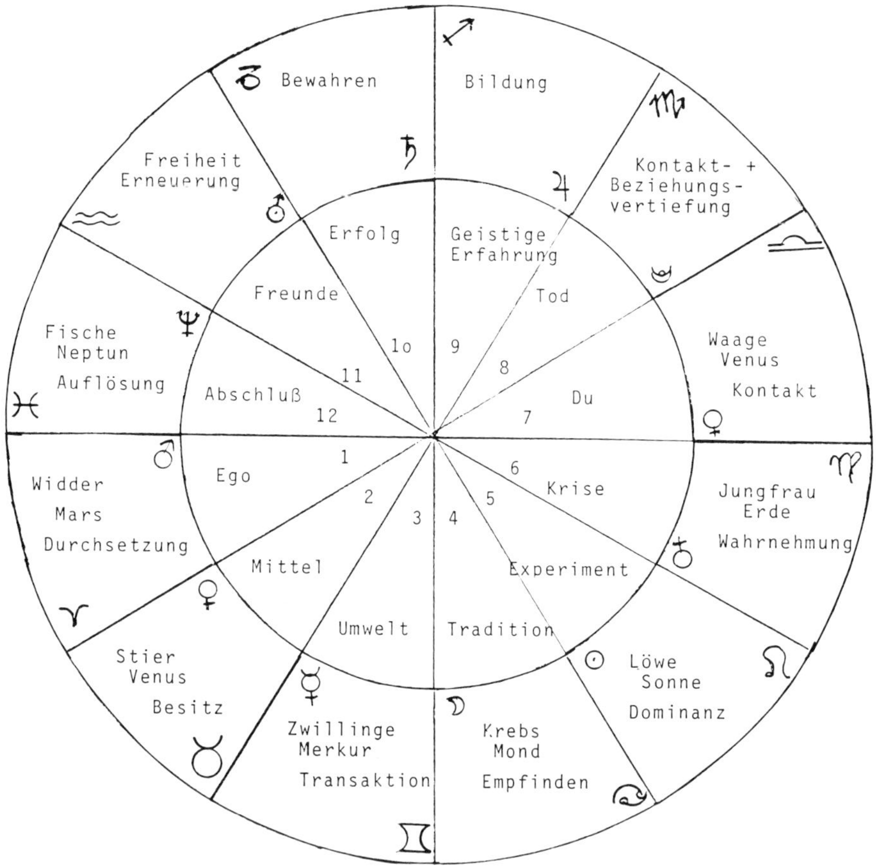

Der natürliche Tierkreis mit Häusern und deckungsgleichen Feldern. Tierkreiszeichen als Prinzip; Planeten, als Träger von Prinzip und Symbol.

Haus-Feld			zugehöriger Planet	
1.	♈	Ich (ego)	♂	Durchsetzung
2.	♉	Mittel, Fähigkeiten	♀⊕	Abgrenzung
3.	♊	Umwelt, Geschwister	☿	Ausdruck
4.	♋	Tradition, Elternhaus, Heimat	☽	Gefühl, Empfinden
5.	♌	Experiment	⊙	Entscheidung, Handlung
6.	♍	Krise	☿⊕	Wahrnehmung, Arbeit, Gestaltung
7.	♎	Du (Zweisamkeit, Ehe)	♀	Kontakt
8.	♏	Tod (Welt des Unbewußten)	♇	Ergründung, Geheimnis-erforschung
9.	♐	Geistige Erfahrung	♃	Bildung, Liebe zur Weisheit, Sinnforschung, Sinngebung.
10.	♑	Erfolg	♄	Recht und Gesetz, Traditionsbindung.
11.	♒	Freunde, Gesellschaft	⛢	Freiheit, Befreiung
12.	♓	Abschluß	♆	Hinterfragen, Auflösung, Abstreifung bis aufs Wesentliche, das Wesentliche erfahrbar und sichtbar machen.

Die Prinzipien von Haus-Feld und Planeten

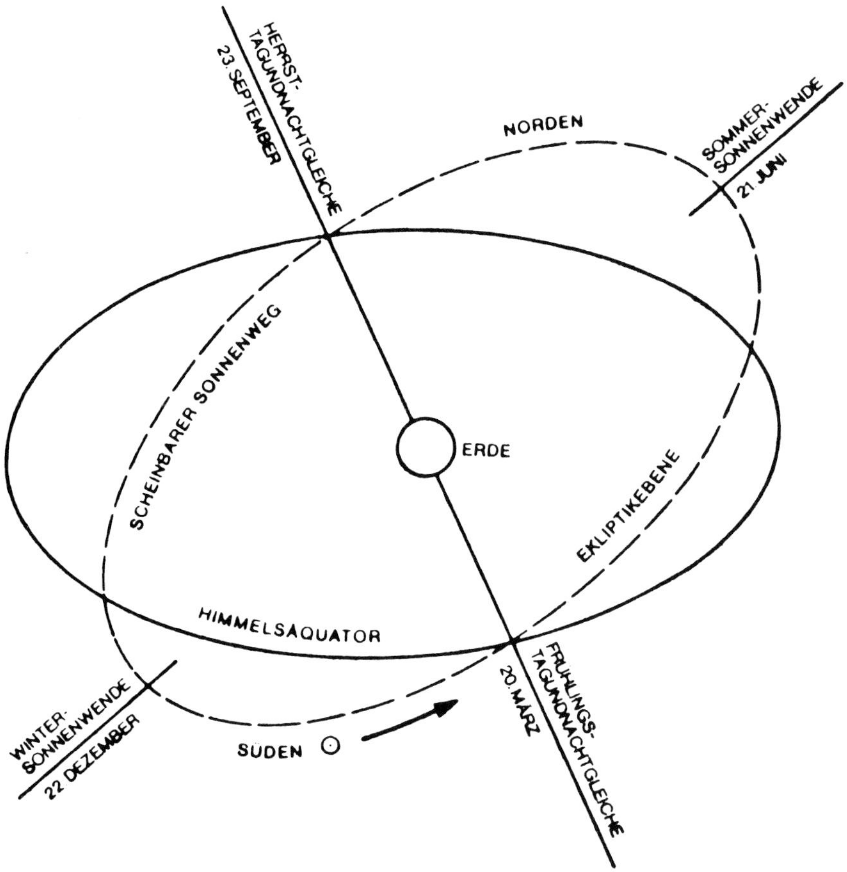

Himmelsäquator mit Schiefe der Ekliptik 23,27 °

Horoskop Häuser genannt, die nicht deckungsgleich sind mit den Feldern, deren Zahl auch 12 ist. Zu der Unterscheidung von Haus und Feld kommt es, weil Tierkreis und Himmelsäquator nicht miteinander identisch sind, sondern sich in einem Winkel von 23,27 ° (23,5 °) schneiden. Entsprechend zum Stand der Sonne ist daher der Durchgang derselben durch ein Sternbild verschieden lang oder kurz, und es kommt in der Horoskopschrift zu größeren oder kleineren Feldern.

Die Lage der Kardinalpunkte ist gut ersichtlich; dort, wo sich Himmelsäquator und Tierkreis schneiden, liegen die Äquinoktien = Tag- und Nachtgleichen, der 21. (20.) März, etwa 23' Wassermann = Frühlingsanfang (infolge der Kalenderreform von Gregor XIII. für uns der 21. März); 21. Juni, etwa 23' Stier = Sommersonnenwende; 23' September, etwa 23' Löwe = Herbstanfang; 22. Dezember, etwa 23' Skorpion = Wintersonnenwende.
Die Ekliptikschiefe läuft entlang dem Himmelsäquator in 72 Jahren um 1 ° (das entspricht etwa einem Tag), in 2160 Jahren durchwandert sie ein Tierkreiszeichen, in 25 920 Jahren vollendet sie einen Umlauf, ein Platonisches Jahr genannt.
Zweimal im Jahr kommen Häuser und Felder zur Deckung, zu den beiden Äquinoktien im Frühjahr und im Herbst, wenn die Sonne auf dem Himmelsäquator steht. Steht sie darüber oder darunter, ändern sich entsprechend die Feldbreiten, nicht die Häuser, diese sind identisch mit den Sternbildern.
Die Felder aber tragen die Färbung bzw. den Charakter der Häuser und

bestimmen somit die seelische Struktur.
Das erste Feld ist das aufsteigende Sternbild zur Stunde der Geburt. Es hat immer den Charakter des ersten Hauses, also das Ich, und der Mars als dessen Symbol, immer Durchsetzungsvermögen und -kraft.
Der Zusammenklang von Aszendent — so heißt das aufsteigende Gestirn im Augenblick der Geburt — und Geburtssonne gibt die Konsonanz oder Dissonanz, also die seelische Struktur, welche nach Weiterentwicklung drängt.
Alles andere wollen wir an dieser Stelle grafisch sagen, um es anschließend zu erläutern, ohne — um dies noch einmal zu betonen — auf Vollständigkeit Anspruch zu erheben. Dazu bedürfte es eines eigenen Buches. Hier können wir nur einen Eindruck und einen Einblick vermitteln.

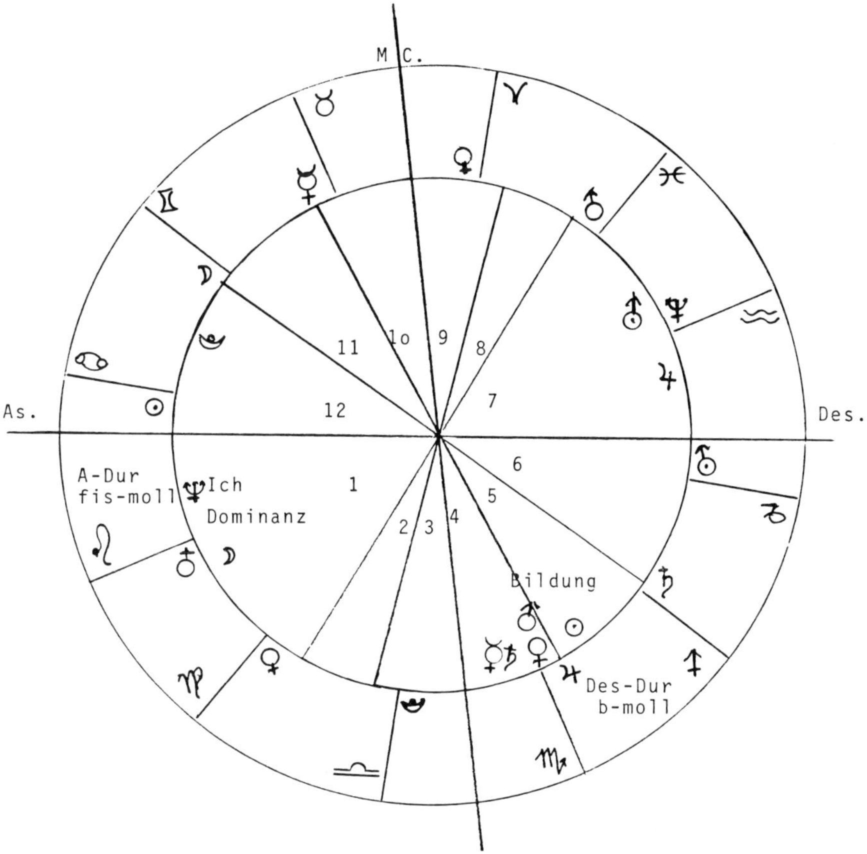

Ein Geburtshoroskop: Geburtssonne Schütze, Aszendent Löwe, Deszendent Wassermann, Nadir Skorpion und Medium Coeli Stier.

Das Horoskop zeigt als Geburtssonne Des-Dur Schütze zum Aszendenten Löwe, 5. Haus im natürlichen Horoskop, in diesem Falle stellt der Löwe das 1. Feld.
Da die Geburtssonne im 5. Feld steht, erhält sie die Dominanz des

Löwen, hinzu kommt noch einmal die Dominanz aus dem 1. Feld, die sich verbindet mit dem 1. Haus Widder Ich und Durchsetzung des Mars.
A-Dur ist in diesem Horoskop eindeutig der Grundakkord.
Das Grundthema baut sich daher auf A-Dur auf und hat eine starke Beziehung zu Des-Dur, das ist eine etwas vergrößerte Subdominante, die Subdominante zu A-Dur wäre D-Dur.
Und D-Dur spielt ebenfalls mit hinein als Mittler. Es ist der Mond, dessen Haus das 4. Krebs, Gefühl, Empfindung, Ehe, Familie, Heim, Heimat usw. ist.
Ebenso spielt noch der Neptun mit B-Dur hinein, so daß sich aus der Beziehung von Aszendent-Geburtssonne zu den beiden Gestirnen des Aszendenten ein Grundthema ergibt, das große Entwicklung erwarten läßt.

Neptun, Prinzip Auflösung und Sichtbarmachung des Wesentlichen, gilt in der allgemeinen Astrologie als Symbol für Sucht. Eine solche Gefahr besteht dann immer, wenn das Prinzip des Planeten nicht eingelöst wird, d. h. wenn nicht hinterfragt, nicht das Wesentliche sichtbar und erfahrbar gemacht wird, dann

♈	Widder	♂	Mars
♉	Stier	♀ ⊕	Venus-Erde
♊	Zwillinge	☿	Merkur
♋	Krebs	☽	Mond
♌	Löwe	☉	Sonne
♍	Jungfrau	☿ ⊕	Merkur-Erde
♎	Waage	♀	Venus
♏	Skorpion	♇	Pluto
♐	Schütze	♃	Jupiter
♑	Steinbock	♄	Saturn
♒	Wassermann	♅	Uranus
♓	Fische	♆	Neptun

Symbol der Häuser und Planeten

steht der Neptun für Sucht; denn Sucht ist Ersatzleistung. Bei der Dominanz A-Dur und der drängenden Kraft des Des-Dur nach Weisheit und Bildung dürfte das Prinzip und Symbol Neptun in bester Obhut sein und auch im 1. Feld eingelöst werden.
Auf die sich aus den anderen Stellungen ergebenden Möglichkeiten können wir hier nicht eingehen, das würde den Rahmen dieser Schrift sprengen.

Es gibt wie in allen Fällen auch in diesem Falle eine mathematisch kaum faßbare Lösungs- oder Entwicklungsmöglichkeit, z. B. über enharmonische Veränderungen oder über Moll hin, oder in Moll endend zu einer Dissonanz oder Konsonanz, zur Disharmonie oder zur Harmonie. Nach wohin die Entwicklung zu gehen hat, steht im Entscheidungsbereich eines jeden einzelnen selbst.
Hier begegnen sich die beiden phi-

losophischen Welten von Determinismus und freiem Willen. Es ist die Dualität dieser Welt, die sich auf einer anderen Ebene als Polarität äußert:
Die Entscheidung, nach wohin die Entwicklung zu gehen hat, ist frei gestellt, die getroffene Entscheidung aber unterwirft der Entscheidung. Lange begriff man nicht die Dualität des Lichts, und es herrschte Streit in der Wissenschaft über Korpuskel- oder Wellentheorie, bis man endlich begriff, daß das Licht sowohl Korpuskel als auch Welle ist. Aber Licht ist noch mehr, es ist Licht, das als tragende Momente Korpuskel und Welle besitzt. Genauso haben wir Determinismus und den kathegorischen Imperativ des freien Willens zu sehen, der Mensch hat sowohl als auch: Die freie Entscheidung, und dann hat er sich der eigenen freien Entscheidung zu stellen. Das ist nicht mehr als recht und billig. Gleichzeitig läßt dies erkennen, daß die Verantwortung für sich selbst in der Hand eines jeden selbst liegt.

Das Haus als Prinzip, der Planet als Symbol dieses Prinzips

♈ Widder -	=	Ich (ego) Selbstfindung, Selbsterkenntnis, Selbstbehauptung.	♂ Mars	=	Durchsetzung, Energie, Willenskraft, Eros.
♉ Stier	=	Mittel des Ich, Begabungen, Fähigkeiten, materiell, erdbezogen,Treue.	♀ ♁ Venus in direkter Verbindung zur Erde	=	Passivität, Liebesfähigkeit, Bewahren, Hüten, Hegen, Besitz
♊ Zwillinge	=	Umwelt - Analyse, Technik, Eintausch.	☿ Merkur	=	Formulierkunst, Umsatzen in andere Bereiche, Handel.
♋ Krebs	=	Tradition Empfinden, Gefühl, Phantasie.	☽ Mond	=	Elternhaus, Heimat, Natur.
♌ Löwe	=	Dominanz, Liebes- und Beziehungs- ,Genußfähigkeit.	☉ Sonne	=	Selbstbehauptung, Organisationsfähigkeit, Talent zu Koordination.
♍ Jungfrau	=	Krise - Wahrnehmung Bewahren, Hüten, Pflegen und Hegen, Kleidung, Ernährung, Häuslichkeit.	♁ Erde in Verbindung Merkur ☿		Analyse- passiv, wissenschaftliche Akribie, Ernährung, Gesundheit, Sparsamkeit.
♎ Waage	=	Du - Ergänzung, Kontakt- und Beziehungsvertiefung. Ästhetik und Harmonie.	♀ Venus	=	Kontaktsuche zur Vervollkommnung des Ich, Farb- und Schönheitssinn.
♏ Skorpion	=	Tod - Beziehung zur Ganzheit Leben und Tod, Steigerung der Durchsetzungskraft, Freisetzung von Energie, Sexualität.	♇ Pluto	=	Bereitschaft zur Wandlung oder Selbstvernichtung. Bejahung der Entwicklung, Reform, Regeneration.
♐ Schütze	=	Geistige Erfahrung, erfassen der Zusammenhänge, Intuition, Kunst, Vertiefung der Beziehungsfähigkeit, Sinnfindung.	♃ Jupiter	=	Liebe zur Weisheit, Philosophie, Gerechtigkeit, pssive Bildungsfähigkeit. Sinngebung.
♑ Steinbock	=	Erfolg - richtige Einschätzung von Lage und Situation	♄ Saturn	=	Bewahren - Weisheit ; Geduld praktische Anwendung der Retardierung.

≈ Wassermann = Freundschaft - verbaler Austausch, Erneuerung, Regenerierung aller Dinge.

♓ Fische = Auflösung, Ende, Abschluß und Beschließung eines Kreislaufs, Vorbereitung aufs Neue.

♅ Uranus = Freiheit - Regeneration, Erneuerung aus eigener Kraft

♆ Neptun = Abstreifen aller unwesentlichen Dinge, Wahrung und Bewahrung des Wesentlichen.

F-Dur A-Dur Des-Dur
und ihre Umkehr

Eine der möglichen Verbindungen der Tonarten dieses Horoskops

Die fernöstlichen Initiationsworte ein weiteres Indiz?

Die fernöstlichen Lehren (allerdings auch einheimische, sogenannte esoterische Lehren) führen ihre Anhänger oder Schüler in die tieferen Geheimnisse ihrer Lehren mittels Initiationsworte ein.
Sie kennen dabei 5 Initiationsworte, die zu 12 Einweihungsgrade verwendet werden. Schon das ist ein Bezug zur atlantischen Lehre, zum 12er Tierkreis und zur Venus. Die nun folgenden Initiationsworte bzw. diese Begriffe, welche als solche heute Funktion haben, waren keineswegs als solche in Atlantis in Gebrauch, dort fanden sie Verwendung zur Bewußtmachung natürlicher Vorgänge.
Doch hören wir die fünf Initiationsworte.

1. Jod Nerenjen
2. Om (Ohm) Kar
3. Ra Ren Kar
4. So Hang
5. Sat Naam.

Zur Erklärung dieser Begriffe geben wir in Kürze den atlantischen Runenkreis; denn nur mit dessen Hilfe können wir in die wahre Bedeutung dieser Worte eindringen. Die atlantischen Schriftzeichen, die Runen, waren von der Sonne mit Hilfe des Schattenstabes an die Erde geschriebene Zeichen, wie wir dies schon hörten.

Zuerst die Runen als Schriftzeichen mit ihrem Lautwert:

Die volle Aussprache: Ansus, Kenas, Dagas, Isas, Jera, Tiwas, Algis, Manas, Thurisas, Naudas, Urus, Ingwas, Odala, Ehwas, Yr oder Manrune, Lagus.

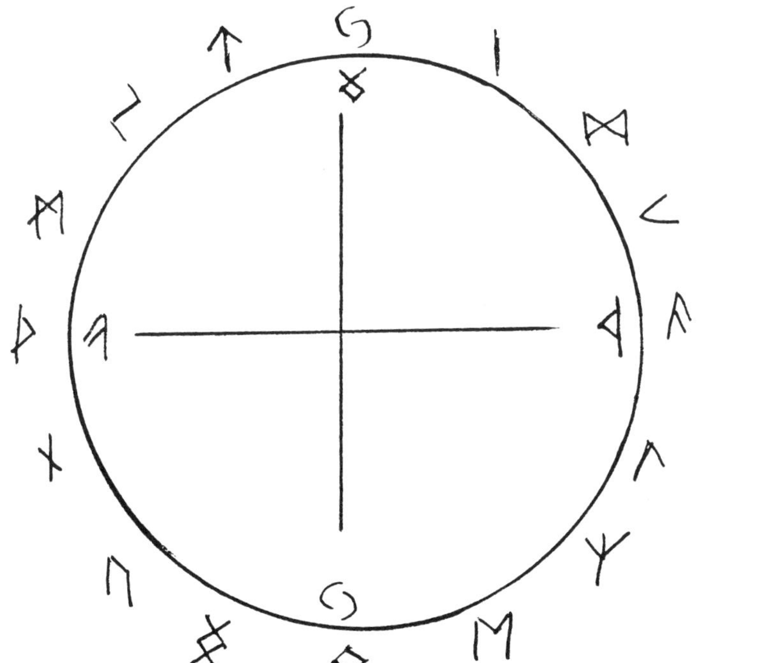

Der atlantische Runenkreis

Im atlantischen Runenkreis sind die Kardinalpunkte der Sonne, Frühlinsanfang und Herbstbeginn, die Sommer- und die Wintersonnenwende in der Umkehr dem ersten Zeichen beigegeben. Daher entsteht für die Äquinoktiallinie:
At-Ta (Atlas hieß jener sagenumwobene König, der mit großem Scharfsinn die Bahnen der Gestirne und die Straßen des Meeres erforschte, Atlanter seine Nachfahren). Die Sonnwendachse hat zweimal die Vorsilbe JO.

Das führt sofort zu folgenden Namen: Jo-seph, Jo-nas, Jo-hannes, Jo-nathan, Jo-kaste, Jo usw.
Dieses JO der Sonnwendachse verbindet sich in dem ersten Initiationswort zu JOD, und das D Dagas bedeutet Tag. Der JO-Tag ist also der längste oder der kürzeste Tag im Jahr. In der logischen Konsequenz atlantischen Denkens folgt dann der Begriff NER, ursprünglich NOR. Und NOR heißt atlantisch Meer. Die Meeresgöttin war daher NORA genannt, und die Gegend, da das Meer war, der NOR-den.

Der LOP NOR in Indien trägt als „laufender See" diese Bezeichnung von den Atlantern: Lop = laufen und NOR = See. Der wandernde See.

Auch bei den Griechen erleben wir die Lautverschiebung von O nach E, von Noreiden zu Nereiden, die Noreiden waren die Kinder des Meeres.
Schließlich bleibt der dritte Begriff Jen. Das steht in Zusammenhang zu JO, Johann, Jan, Jen. JAN heißt im Sanskrit Mann.
JOD NEREN JEN bedeutet soviel wie: „Alles Leben kommt aus dem Wasser."
In der Bibel finden wir dafür die Anrufung des Geistes über den Wassern. „Die Erde war wüst und leer, und es war finster auf der Tiefe, und der Geist Gottes schwebte über den Wassern."

Das zweite Initiationswort heißt OM KAR.

OM KAR heißt wörtlich O = Wiedergeburt, M = Maß, OM = Das Maß der Wiedergeburt.

KAR Kenas = Jungfrau, Ansus Leben, Anfang, R = Ordnung, Regel, Zeugung. Die Zusammenfassung von KAR bedeutete Grab.

OM KAR heißt wörtlich: Das Maß der Wiedergeburt durch das Grab.

KARMA heißt wörtlich dasselbe, nur ist nicht die Wiedergeburt direkt angesprochen, sondern das Karma: Das uns durchs Grab Zugemessene.
Auch das zweite Initiationswort bezeichnet nichts anderes als einen ganz natürlichen Vorgang.
RA REN KAR lautet das dritte Initiationswort. RA bedeutet Zeugung, Ordnung, Regel,
REN Fließen,
KAR wiederum Grab.

RA REN KAR ist eine einfache Zusammenfügung folgender Begriffe: Zeugung — Fluß — Grab. RA REN KAR bezieht sich auf den ewigen Fortgang des Seins, auf die Entwicklung des Bewußtseins, auf die weitere Ausbildung der DNA.

SO HANG heißt das vierte Initiationswort und bedeutet S = Sieg, O = Wiedergeburt, HANG heißt Bewußtseinsebene.

SO HANG heißt demnach nichts anderes als: Ich bin mir selbst Bewußtseinsebene.

SAT NAAM ist schließlich das fünfte und letzte Initiationswort und umfaßt gleich drei Bewußtseinsebenen der indischen Lehre.
Sehen wir erst einmal, was es in atlantischer Sprache bedeutet:
S = Sieg, A = Leben, T = Zeit,
SAT heißt nichts anderes als: Der Sieg des Lebens in der Zeit. Mit an-

deren Worten: Das Leben ist stärker.
Die Wissenschaft unterscheidet zwei Sprachen, die Kentum- (centum = hundert) und die Satamsprache (Sat = hundert).
Beide Sprachen sind gleichen Ursprungs, nämlich atlantischer Herkunft, in der Dialektbuntheit der Atlanter nur anders ausgesprochen. Dieses SAT wurde dann bald angewandt auf die triadische Gottheit. Aber die Entstehung von Gottheiten deutet schon auf Bewußtseinsverlust; mit der Erhebung von Göttern über sich selbst, die ihm ursprünglich nichts anderes beinhalteten als seine Erkenntnisse, ging ein Bewußtseinsverlust einher.
Sat Naam heißt wörtlich:
Ich bin mir selbst mein eigenes Maß.
Womit gesagt ist: Jeder ist sich selbst gegenüber verantwortlich für sein Ich, sein Leben, Wirken, Denken und Schicksal.
In der Konsequenz dieses Gedankens ist jeder das Ergebnis seines eigenen Denkens.

Ein besonderes Indiz ist der Sintflutbericht

Der Esoterik ist es seit der kulturschaffenden Frühzeit um echte Wissensvermittlung zu tun. Das war in der Frühzeit einfacher als heute, weil sich mit ihr konkurrierende Lehrmeinungen noch nicht gebildet hatten.
Inzwischen aber nach den vielen Jahrtausenden haben sich Lehren herausgebildet, die in krassem Widerspruch zur Wahrheit angeblich Wahrheit vertreten.
Jede Einbindung des Menschen in solche oder ähnliche Institutionen bedeuten eine Blockierung seiner geistigen Entwicklung.
Mit jeder Verpflichtung auf einen bestimmten Weg, auf eine Richtung oder eine Lehre — und nur diese und keine andere — büßt der Mensch die freie Entscheidung ein und gibt letztlich sein Ich, seine Persönlichkeit, seine individuelle Entwicklung auf.
Haben wir diese Schrift aufmerksam gelesen, dann wissen wir, daß eine solche Einbindung, gleich in welcher Vereinigung immer, ein Verstoß gegen Naturgesetze ist.
Ziel der Esoterik ist daher die Freiheit und damit die Rückführung des Menschen zu sich selbst. Das aber bedingt dann auch Altertumskunde, Altertumsforschung. Das bedingt ein klärendes Wort zum Sintflutbericht.
In der Überlieferung aller Völker finden wir einen Hinweis auf eine Sintflut. Vieles ist darüber geschrieben worden, manche partiellen Sintfluten wurden entdeckt, nicht aber die, um die es eigentlich ging. Von dieser Sintflut erfahren wir erst durch das Buch: „Ex nocte lux“ von H. K. Horken.
Darin erfahren wir etwas von jener Katastrophe vor 11 000 Jahren. Sie war das Ende der letzten Eiszeit. Mit den zurückströmenden Schmelzwassern verloren die Atlanter ihre Inseln im heutigen Atlantik. Die Ursache der immer wieder entstehenden Eiszeiten ist rein physikalischer Natur. Die auslösende Ursache ist Wärme, die der Golfstrom liefert. Er sorgt für das Abschmelzen der Polkappe und damit für einen steigenden Meeresspiegel. Das führt zu vermehrtem Niederschlag, schließlich zu Schneefall, der auch in der Sommerzeit anhält. Die Winter werden lascher, die Sommer verregnet bzw. verschneit. Der Schnee

verharscht, vereist und wächst vom Norden her kommend mit den Gletschern der Alpen langsam zusammen. Die Wohngebiete werden immer kleiner, zwischen den Eisfronten erhebt sich ein dauernd pfeifender Sturm, bis das Eis dann schließlich stellenweise bis auf 3 000 m angewachsen ist.

Mit dem wachsenden Eis sinkt der Meeresspiegel, und die heute etwa zwischen 50 und 100 m unter dem Meeresspiegel liegenden Schelflande werden wieder bewohnbare Inseln. Dann aber ist auch das Ende der Eiszeit nicht mehr fern. Und auch das hat eine rein physikalische Ursache. Mitten im Atlantik gibt es das Atlantische Riff. Eine Gebirgskette auf dem Meeresboden mit vergleichbaren Höhenzügen wie die Alpen. Vor Grönland aber ist das Atlantische Riff quer gestellt, man nennt dies die Atlantische Schwelle.

Ist nun der Meeresspiegel so tief abgesunken, daß der Golfstrom seine Wasser nicht mehr ins Polarmeer einbringen kann, sucht er sich über die Pässe des Atlantischen Riffs einen Weg, und seine Wasser stürzen in die Tiefebene vor der Küste Europas. Das hat warme, monatelang anhaltende Regenfälle, die sogenannten Pluviale, zur Folge. Damit aber setzt eine schnelle Eisschmelze ein, und die schmutzigen Wasser überfluten bald die Inseln der Atlanter.

Heinrich Schliemann schrieb: „Die Atlantis-Forschungen halte ich für unendlich bedeutsamer als die Ausgrabung von hundert Trojas." Der Ausgräber von insgesamt 7 Trojas und vom Schatz des Priamos, der Entdecker von Mykenä, schrieb dieses Wort in sein Testament. Kurz vor seinem Tode in Neapel 1890 übergab er einem seiner besten Freunde einen versiegelten Umschlag mit der Aufschrift: „Dies darf nur von einem Familienmitgliede geöffnet werden, das feierlich schwört, sein Leben den hier skizzierten Forschungen zu weihen."

Sein Enkel Dr. Paul Schliemann gibt in einem Bericht, den er in der „New York American" veröffentlichte, seinem Großvater Heinrich Schliemann das Wort und berichtet aus dessen Schreiben: „Als ich im Jahre 1873 die Ausgrabungen der Ruinen Trojas bei Hassarlik durchführte und in der zweiten Schicht den berühmten Schatz des Priamos entdeckte, fand ich unter diesen Schätzen eine eigentümlich aussehende Broncevase von ziemlicher Größe. Es befanden sich darin einige Tonscherben, verschiedene kleine Arbeiten aus einem eigenartigen Metall, Münzen aus demselben Material und Gegenstände aus versteinerten Knochen. Einige dieser Gegenstände und die Broncevase trugen eine Inschrift in phönizischen Hieroglyphen. Diese Inschrift lautete: ‚Vom König Chronos von Atlantis.'"

Inzwischen gibt es vier verläßliche Zeugnisse für den Zeitpunkt der Sintflutkatastrophe, die die Atlanter (infolge des Eiszeitendes vor etwa 11 000 Jahren) und der damit verbundenen Überflutung ihrer Inseln, heimatlos machte. Diese verläßlichen Zeugnisse sind:

1. Der Solonbericht (s. H. K. Horken, Ex nocte lux, S. 433 und Platon)
2. Der Alexandrinerbericht (s. Karl A. Frank, Sturm aus Atlantis)
3. Der Mayakalender (Kalenderstein von Tenochtitlan)
4. Das I-Ging der Chinesen, das „ein Fremder namens Fuhi" nach China brachte (s. Hugo, I Ging)

Der Solonbericht gibt die Zeit 9 000 Jahre vor Solon an, das sind inzwischen etwa 11 500 Jahre. Betrachten

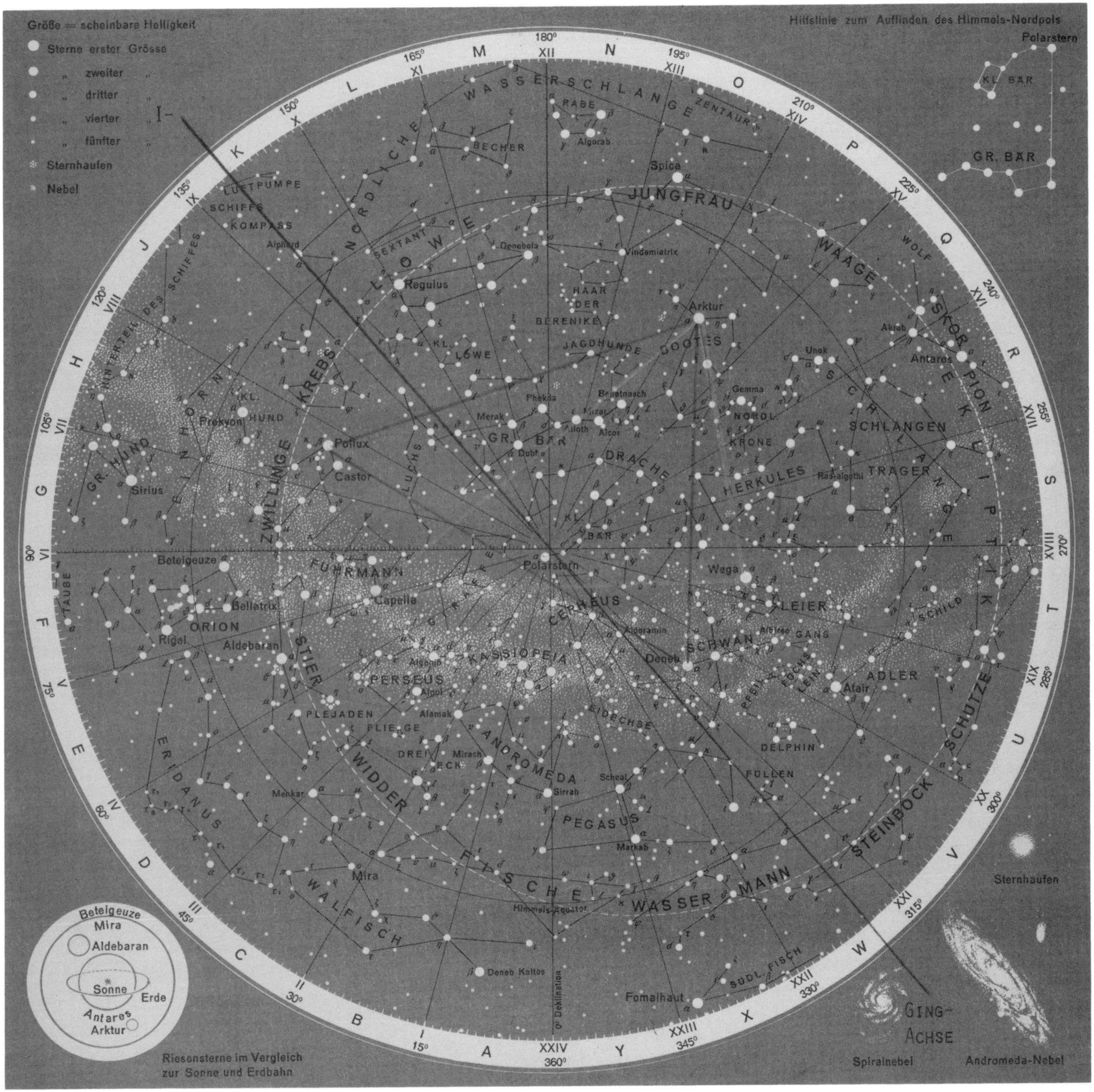

Größe = scheinbare Helligkeit
Sterne erster Grösse
„ zweiter „
„ dritter „
„ vierter „
„ fünfter „
Sternhaufen
Nebel
Hilfslinie zum Auffinden des Himmels-Nordpols
Polarstern
KL. BÄR
GR. BÄR
WASSERSCHLANGE
RABE
ZENTAUR
BECHER
Algorab
Spica
LUFTPUMPE
SCHIFFS KOMPASS
NÖRDLICHE
JUNGFRAU
SEXTANT
LÖWE
Alphard
Denebola
Vindemiatrix
WAAGE
WOLF
Regulus
HAAR DER BERENIKE
Arktur
HINTERTEIL DES SCHIFFES
KL. LÖWE
JAGDHUNDE
BOOTES
Akrab
SKORPION
Antares
KREBS
Unuk
EINHORN
KL. HUND
Prokyon
Phekda
Benetnasch
Gemma
Merak
Mizar
NÖRDL. KRONE
SCHLANGE
SCHLANGEN TRÄGER
Alioth
Alcor
GR. HUND
Pollux
LUCHS
GR. BÄR
Dubhe
DRACHE
ZWILLINGE
Castor
HERKULES
Rasalgethi
Sirius
EKLIPTIK
KL. BÄR
Beteigeuze
FUHRMANN
Polarstern
Wega
TAUBE
Capella
GIRAFFE
CEPHEUS
LEIER
SCHILD
Bellatrix
ORION
Rigel
Aldebaran
Alderamin
SCHWAN
Albireo
GANS
STIER
KASSIOPEIA
Deneb
Algenib
PERSEUS
PFEIL
FÜCHSLEIN
ADLER
Algol
Atair
PLEJADEN
Alamak
EIDECHSE
SCHÜTZE
FLIEGE
ERIDANUS
DREIECK
Mirach
ANDROMEDA
DELPHIN
WIDDER
Menkar
Scheat
Sirrah
FÜLLEN
PEGASUS
STEINBOCK
Markab
FISCHE
Mira
WALFISCH
WASSERMANN
Himmels-Äquator
Deneb Kaitos
0° Deklination
SÜDL. FISCH
Fomalhaut
Sternhaufen
GING-ACHSE
Spiralnebel
Andromeda-Nebel
Beteigeuze
Mira
Aldebaran
Sonne
Erde
Antares
Arktur
Riesensterne im Vergleich zur Sonne und Erdbahn
180° XII
165° XI
150° X
135° IX
120° VIII
105° VII
90° VI
75° V
60° IV
45° III
30° II
15° I
360° XXIV
345° XXIII
330° XXII
315° XXI
300° XX
285° XIX
270° XVIII
255° XVII
240° XVI
225° XV
210° XIV
195° XIII
A B C D E F G H J K L M N O P Q R S T U V W X Y

wir uns daraufhin das I-Ging und den Kalenderstein von Tenochtitlan. Die I-Ging-Achse im atlantischen Runenkreis liegt als Äquinoktialachse: Frühjahrsaufgang Lenz im Sternbild Krebs, genauer zwischen Löwe/Krebs und Herbstaufgang im Sternbild Fülle, das zwischen Steinbock und Wassermann gelegen ist (s. Sternkarte Nördlicher Sternenhimmel).

Da die „vorrückende" Bewegung des Frühlingspunktes bekannt war, dürfen wir sicher sein, daß sowohl der Mayakalender (Kalenderstein von Tenochtitlan) als auch das I-Ging eine Aufzeichnung darstellt, die uns den Augenblick bzw. den Zeitpunkt der Katastrophe entsprechend ihrem Vokabular und Wissen mitteilt. Da sie in der Himmelskunde erfahren waren, liegt es ebenfalls nahe, daß sie diese Mitteilung entsprechend den himmelskundlichen Kenntnissen aufzeichneten. Daß wir inzwischen soviel vergessen haben würden und ihre Mitteilungen daher nicht mehr verstehen, konnten sie nicht ahnen. Doch untersuchen wir einmal beider Mitteilungen:
Der Kalenderstein gibt den Frühjahrsaufgang der Sonne eingangs Krebs an, dementsprechend liegt der Herbstanfang im Tierkreiszeichen

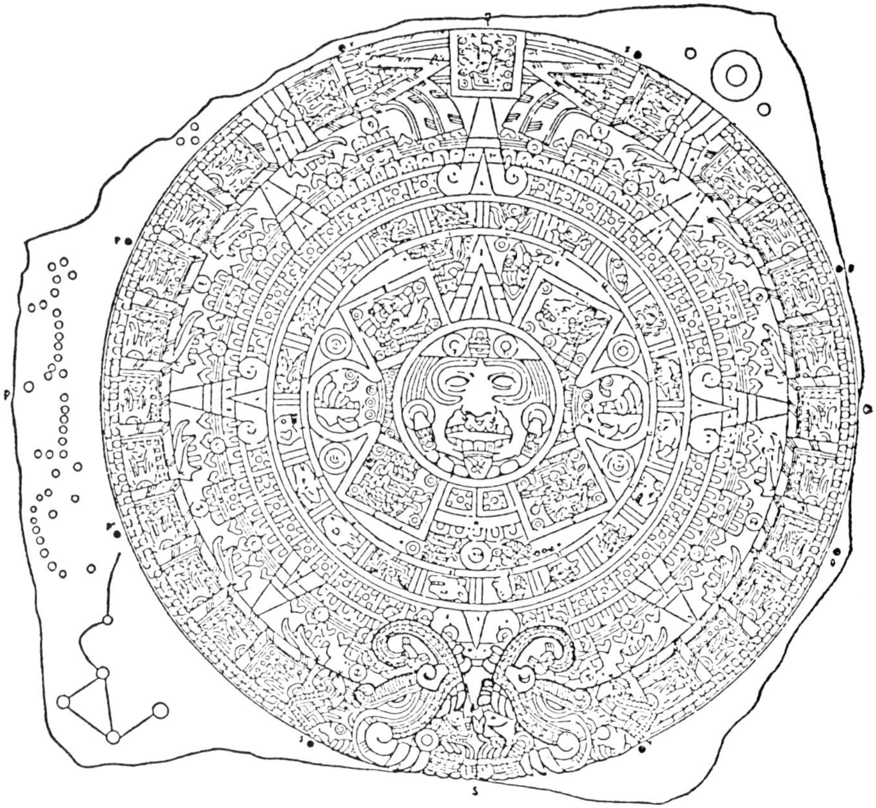

Der „mexikanische Kalenderstein" von Tenochtitlan.

Füllen zwischen Steinbock und Wassermann

des Wassermann. Bei der Durchwanderungszeit eines Sternbildes von 2 160 Jahren sind inzwischen 5 Zeitalter vergangen. Das macht eine Rechnung von
2160 x 5 = 10 800 Jahre.

Seit der Sintflutkatastrophe wären demnach 10 800 Jahre vergangen oder anders gerechnet 9 000 Jahre vor Solon.
Da es etwas mehr als 5 Zeitalter zu je 2 160 Jahre sind, kommen wir auf

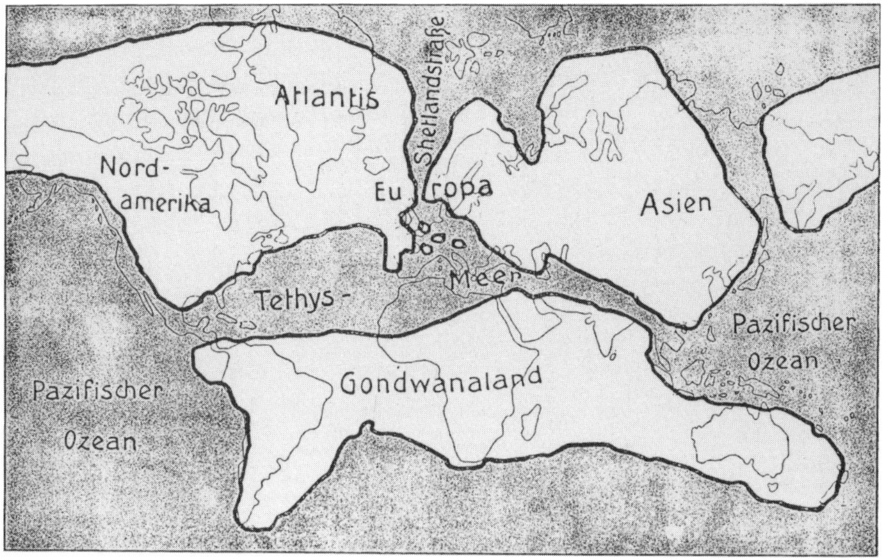

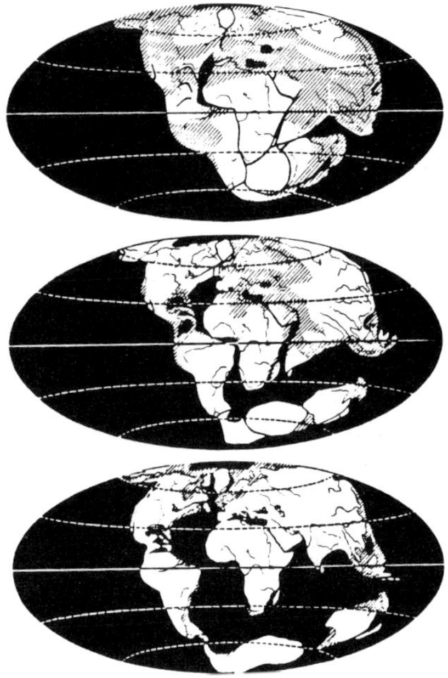

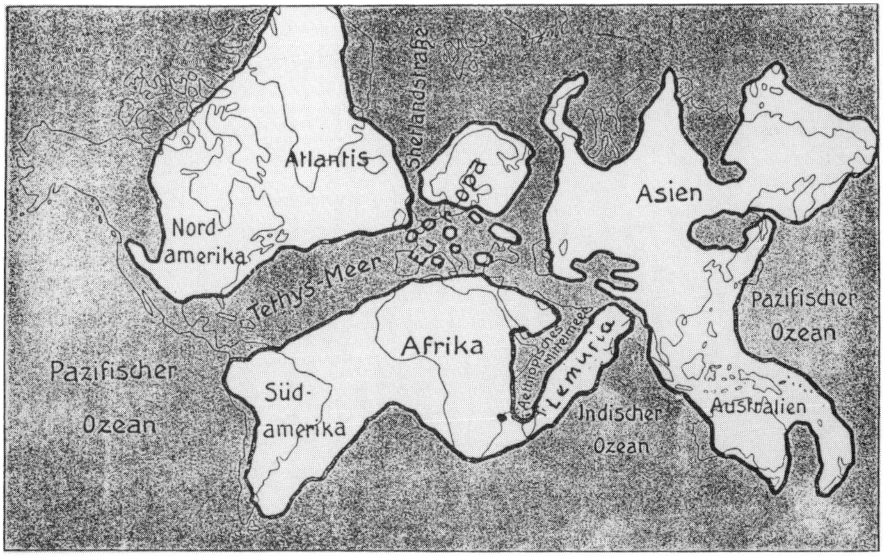

Die Verteilung von Land und Meer im Sinne der „Landbrücken-Theorie“ nach Bölsche und Arldt, fußend auf der „Kontinental-Verschiebungslehre“ von Alfred Wegener.

Oben das erste Auseinanderbrechen Obertrias, unten Oberjura. Die Theorie Alfred Wegeners wurde mit Hilfe von gesteinsmagnetischen Messungen bewiesen. Außerdem ist ein weiterer Beweis die immer noch wirkende Drift der Kontinente.

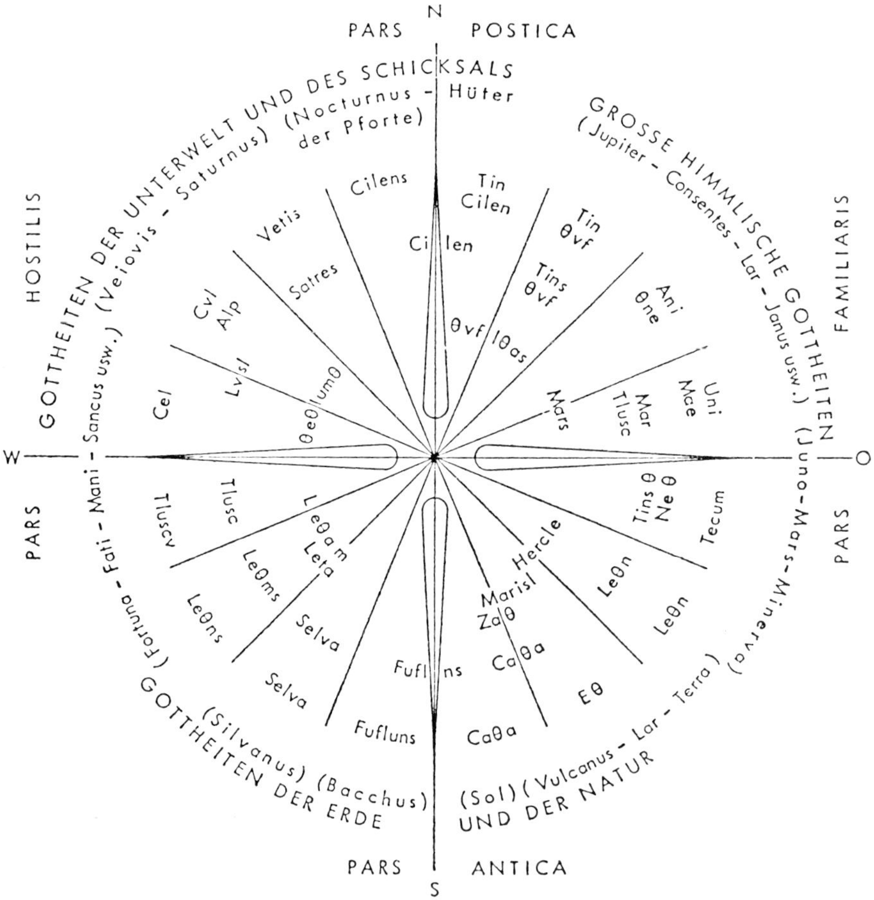

Bronze-Leber von Piacenza in einem Rekonstruktionsversuch (nach M. Pallottino) entsprechend der etruskischen Disziplin.

11 400 Jahre insgesamt, wenn wir nach der Sternenzeit gehen, die uns sowohl das I-Ging als auch der Kalenderstein von Tenochtitlan angeben.

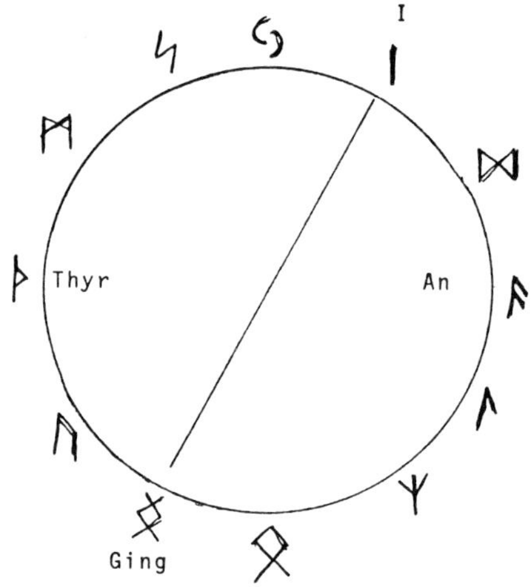

Das I-Ging bzw. der atlantische Runenkreis mit der I-Ging-Achse zeigt ebenfalls den Frühjahrsaufgang der Sonne zwischen Löwe und Krebs und daher das Herbstäquinokt zwischen Steinbock und Wassermann.

Wir vergegenwärtigen uns noch einmal Diodors Mitteilung, „daß König Atlas mit großem Scharfsinn die Bahnen der Gestirne und die Straßen des Meeres erforschte", und erkennen doch daran, daß die Atlanter zur See gefahren sind. Zur Navigation brauchten sie unbedingt

Himmelskunde, denn den Standort auf dem Meer kann man nur noch mit Hilfe der Sternenkunde bestimmen.
Nachdem nun diese Atlanter — zuerst infolge der Eiszeit vom größten Teil des festen Europa ausweichen mußten auf die aus dem Meer langsam aufsteigenden Schelflande — durch die Sintflut, das plötzliche Ende der Eiszeit nun auch die Inseln verloren, siedelten sie als Seefahrer in der ihnen bekannten Welt. Sie beluden ihre Schiffe, bauten möglicherweise eigens besondere Schiffe für die Aussiedlung, wie es der Noah-Bericht erkennen läßt, und siedelten an Küsten, auf Inseln und flußaufwärts an den Ufern dieser Flüsse. Auf diese Weise trugen sie die Kunde von dem Unglück, das sie getroffen hatte, von der Sintflut in alle Welt.
Später erst, als man diese Zusammenhänge nicht mehr begriff, brachte man die Sintflut mit einer Gottesstrafe in Zusammenhang.

Alle Dinge haben eine natürliche Erklärung

Nichts ist rätselhaft oder unerklärbar. Sollte uns irgend etwas unverständlich oder unerklärbar sein, ist das kein Wunder, wir sollten uns solange um Aufklärung bemühen, bis wir die natürliche Erklärung erkannt haben.
Hierfür einige Beispiele, wohin man gelangen kann, wenn man vorschnell eine Sache beurteilt. Es gibt Behauptungen, die Cheopspyramide habe einmal in einem Meer gestanden. Diese Behauptung gründet sich darauf, daß an der Basis der Cheopspyramide Muscheln gefunden wurden.
Diese Muscheln werden nun tatsächlich bei der Cheopspyramide gefunden, haben aber eine ganz andere Ursache.
Die Cheopspyramide war mit Kalkplatten abgedeckt, wie derer heute noch welche vorhanden sind. Als man nun die Cheopspyramide ihrer Kalkplatten beraubte, blieb es nicht aus, daß einige Muscheln aus diesen Kalkplatten auf den Boden fielen, wo sie heute gefunden werden und zum vorschnellen Urteil führten, die Cheopspyramide sei einmal von einem Meer umspült worden.
Zu einem ebensolch vorschnellen Urteil führten die Zeichnungen, die Königin Hatschepsut an die Decke ihres Palastes hatte anbringen lassen. Dort finden wir den nördlichen Sternenhimmel einmal so, wie wir ihn erleben, und einmal auf den Kopf gestellt.
Daraus schlossen voreilige Betrachter, daß die Erde einen „Polsprung“ gemacht habe. Abgesehen davon, daß eine solche Katastrophe von einem Ausmaß gewesen wäre, daß sie niemand hätte überleben können, fehlte den Vertretern des „Polsprungs“ die physikalische Basis.
Diese Zeichnung des nördlichen Sternenhimmels in zweierlei Weise hat eine natürliche Erklärung: Jenseits des Äquators erscheint dem Seefahrer der nördliche Sternenhimmel auf den Kopf gestellt.
In diesem Zusammenhang ist bekannt, daß Königin Hatschepsut auf dem Seewege das Goldland Punt erreichen ließ. Diese Seefahrt ist ausführlich beschrieben, sie ging durch die Enge von Gibraltar um das Kap der Guten Hoffnung nach Punt.
Diese Seefahrer berichteten dann von ihren Erlebnissen: „Der Schat-

ten des Schattenstabes fällt jenseits des Äquators in die andere Richtung, die Sonne läuft anders herum und der nördliche Sternenhimmel steht kopf."
Der französische Astronom Bailly unternahm es, die indischen Sterntafeln auf ihre geografische Breite hin zu untersuchen, ob sie für den 17. auf den 18. Februar des Jahres 3102 v. d. Ztw. das Ereignis der Mondfinsternis in Indien bestätigten. Die indische Zeitrechnung beginnt mit dieser Mondfinsternis die Zählung des Kali Yuga.
Aus den Untersuchungen Baillys ergab sich, daß diese Mondfinsternis für die geografischen Breiten Grönlands zutreffend war. Er folgerte, daß diese Sterntafeln dann auch dort ihren Ursprung haben müßten, da sie das Ereignis angeben (Traité de l'Astronomie Indienne et Oriental, Teil 1 III).

Das Universum singt

Nicht als Nachtrag, sondern deswegen, weil wir der Überzeugung sind, daß dies vom Leser jetzt mit besonderem Interesse gelesen wird, was weiter vorne vielleicht nicht der Fall gewesen wäre, führen wir als kurzen Beweis des Pythagoreischen Denkens die „Atom-Harmonik" an, die Wilfried Krüger begründete und in seiner ersten Schrift „Das Universum singt" anführte.

Im Physikunterricht auf dem Gymnasium erkannte Wilfried Krüger die Übereinstimmung zwischen dem Aufbau des Sauerstoffatoms und der Dur-Tonleiter.
(C-Dur ohne Vorzeichen.)
Das Sauerstoffatom hat die Ordnungszahl 8. Mit 8 Elektronen ist es gesättigt.

Jedes Elektron hat einen Bahndrehimpuls und einen Eigendrehimpuls. Der Bahndrehimpuls hat den Wert 1/1, also 1, der Eigendrehimpuls, genannt Spin, hat den Wert 1/2. Ist der Eigendrehimpuls parallel dem Bahndrehimpuls, hat er den Wert + 1/2, ist er entgegengesetzt — 1/2.

Daraus ergibt sich für den Physiker folgende Wertbestimmung:
Bahndrehimpuls = 1/1 = 1
Eigendrehimpuls = + 1/2 oder — 1/2.
Beim Sauerstoffatom ergeben sich folgende Werte:
Bahndrehimpuls 1/1 = 1
Spin — 1/2 = 1/2 (0,5).
Die ganze Reihenfolge:
— 1/2, + 1/2, + 1/2
— 1/2, + 1/2, + 1/2, + 1/2, — 1/2.
Wir erkennen daran sofort den Aufbau unserer C-Dur-Tonleiter.

Jedes Elektron hat zwei Bewegungen, die Umlaufbewegung um seinen Mittelpunkt und die Eigenbewegung um sich selbst, genannt Spin. Der Bahndrehimpuls hat den Wert 1/1, der Spin, wenn er dem Bahndrehimpuls parallel ist + 1/2, entgegengesetzt — 1/2. Der Spin der einzelnen Elektronen im Sauerstoffatom verhält sich mit — und + in einer Weise, daß das Sauerstoffatom die Ordnung unserer Dur-Tonleiter ergibt.

Das Sauerstoffatom hat die Fähigkeit, vorübergehend zwei weitere Elektronen an sich zu binden. Diese beiden Elektronen werden zu Photonen, d. h. zu Lichtträgern. Für die Atomharmonik bedeutet dies, daß das Sauerstoffatom zum ersten

Male das natürliche Vorkommen von Moll beweist; denn in der Hülle schwingt das Sauerstoffatom in Moll, nämlich in d-moll, in seinem Kern in Dur, C-Dur.
Wilfried Krüger stieß bei seinen weiteren Untersuchungen der Atome auf das Geheimnis, daß die DNA nach dem Prinzip unserer Musik funktioniert, und zwar werden die Erbinformationen mit Hilfe der weiter vorne gegebenen *vier* Bausteine oder Buchstaben — vielleicht dürften wir nun auch sagen Noten, weil es sich um Schwingungseinheiten handelt — nach dem Hexachordsystem codiert.
Kompositionen nach dem Hexachordsystem beachten eine bestimmte Ordnung, wobei die Entwicklung der Themen jeweils statt über 8 Stufen, also nach der Oktave, nur über 6 Noten läuft. Die klassische Grundlage dieses Systems geht von a bis g, wobei g die Eröffnung der neuen Entwicklung ist. Legt ein Komponist dieses System seiner Komposition zugrunde, hat er bedeutend größere Band- und Spielbreiten seiner Themen als bei der Oktave.

Zwei Atome verbinden sich zu einem Molekül, indem beide gleich-

Die Dur-Tonleiter im Sauerstoffatomkern-Protonen-Modell

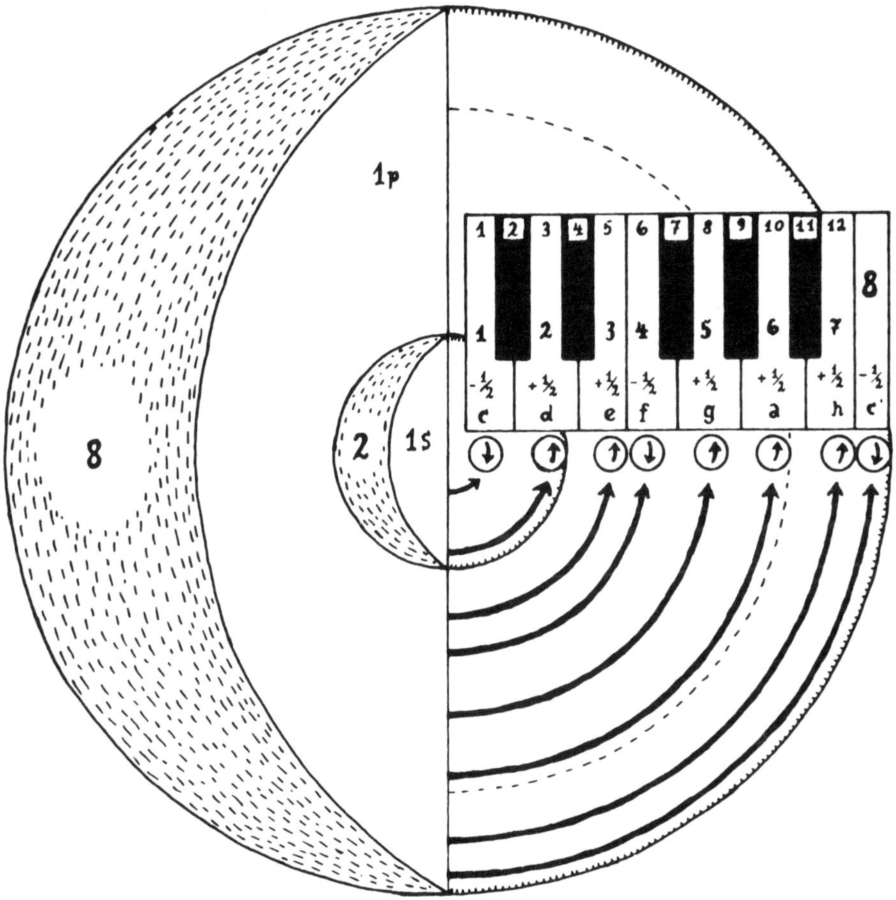

Das Sauerstoffatom

Das voll mit zehn Elektronen besetzte Sauerstoffatom

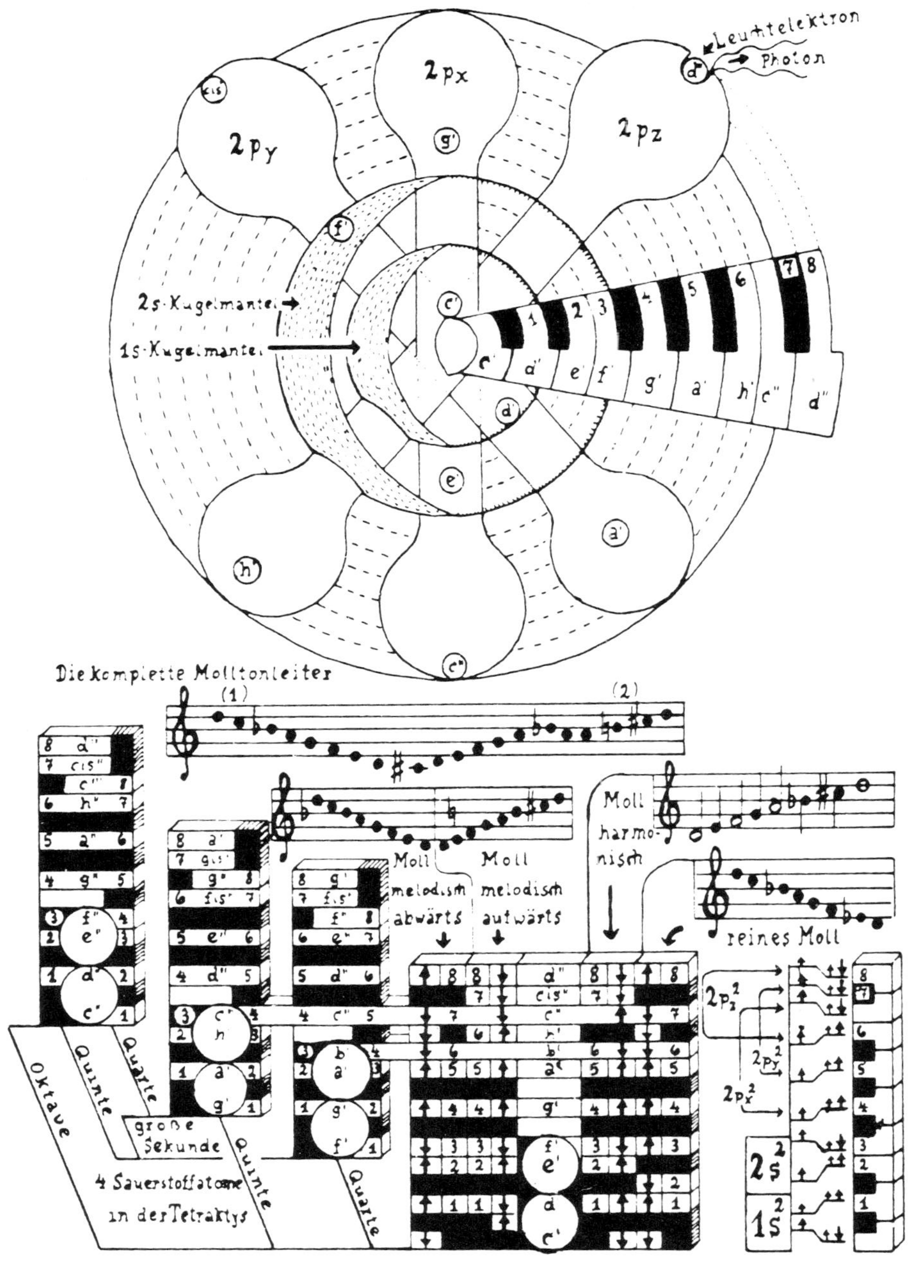

zeitigen Mitbesitz eines Elektrons haben, d. h. ihre Verbindung erfolgt über eine Schwingungsbrücke, z. B. zwischen Adenin und Uracil, in der RNA ist es die Wasserstoffbrücke, die in a' schwingt. Oben rechts die Dorische Tonreihe, deren beide Tetrakten sich in e' begegnen. In der C-Dur-Tonleiter ist dieser Ton a'.

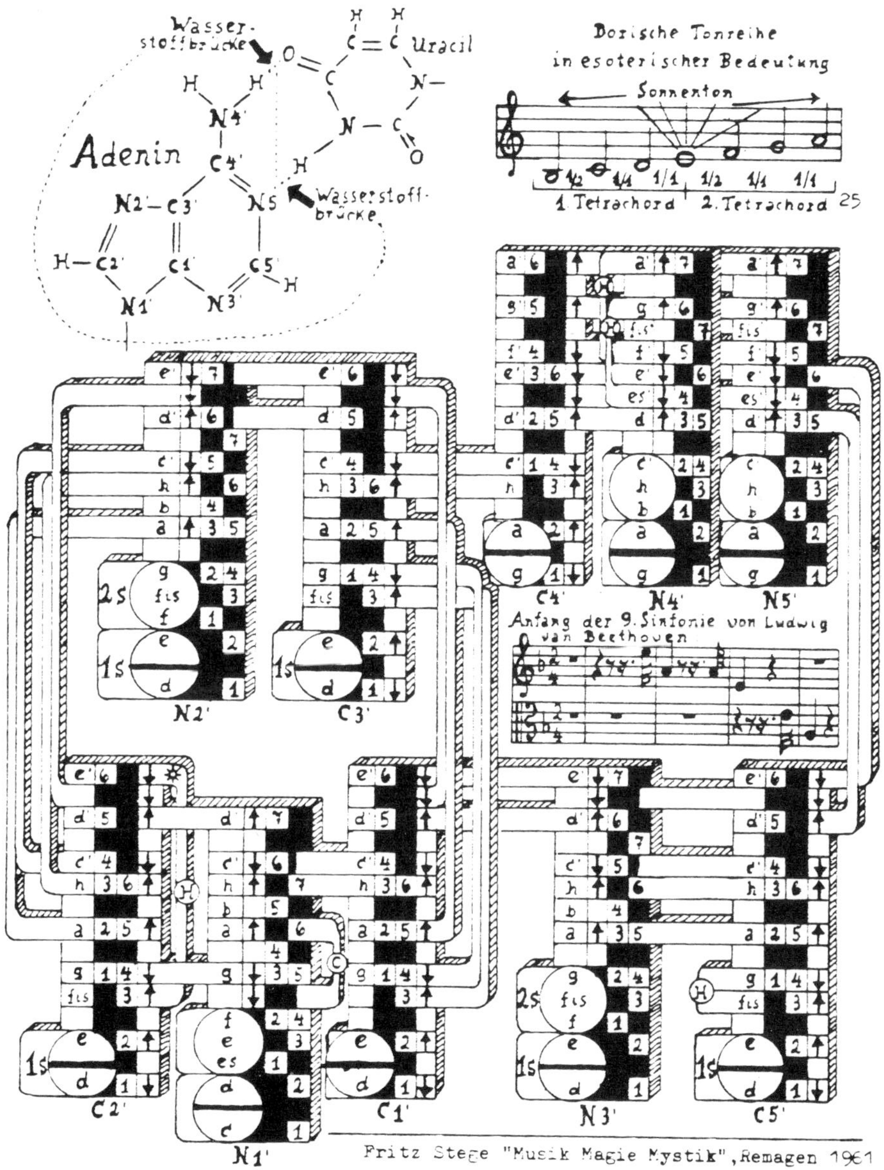

Ton-Spin-Orbital-Schema der Base Adenin mit der H-Brückentonhöhe auf a'.

Johannes Kepler und die Lehre des Pythagoras

Die fünf Bücher Harmonices mundi (1620 n. Chr.), die Lehre von der Harmonie der Welt, erfolgt 2160 Jahre nach Auftritt von Pythagoras mit seiner Lehre um 540 v. Chr. Beide lehren übereinstimmend das Ordnungsprinzip der Welt wie den Aufbau aller Dinge nach dem Grundgesetz der Musik, insbesondere sichtbar im Aufbau unseres Sonnensystems, wie Kepler es beweisen konnte.
Kepler behauptet dabei nicht, daß die Planeten musizieren, aber ihre Bewegungen und Beziehungen untereinander, Winkelgeschwindigkeiten und Entfernungen, mittlerer Sonnenabstand und Umlaufzeiten sind von den gleichen Gesetzen bestimmt wie die Intervallgesetze unserer Töne.
Kepler erkannte erneut wie einst Pythagoras und dessen Lehrer das herrschende Ordnungsprinzip, das im Aufbau des Sonnensystems, in den Bewegungen und Geschwindigkeiten, in den Körpern als bildende Kraft von Struktur und Proportion das gleiche Prinzip ist, das in der Musik den Wohlklang wie den Abstand der Frequenzen bestimmt.
Daß Johannes Kepler von dieser ihm gelungenen Beweisführung dann voll überschwenglicher Freude berichtete, ist doch nur zu verständlich.
Alles ist Musik, besser: Alles bewegt und bildet sich nach den gleichen Gesetzen, wie sie in unserer Musik zum Ausdruck kommen. Alles ist klingende Musik, und diese ist nichts als Mathematik, struktur-und gestaltsbildend in den Körpern, in den lebenden Organismen wie in der reinen Materie.
Heute gibt es den mathematischen Beweis für diese Keplersche Entdeckung. Zwei Professoren der Yale-Universität in den USA haben die Planetenwerte für 100 Jahre nach Keplers Erklärung einem Computer eingegeben und diesem Computer einen Musiksynthesizer angeschlossen.
Man hat auf diese Weise die mathematischen Planetenwerte auf direktem Wege in Musik übertragen lassen. Heraus kam dabei ein halbstündiges Tonband, das Keplers Erkenntnis als richtig beweist.
Wie jeder einzelne Ton — siehe Pythagoras und das Monochord — aus einer Vielzahl von Unter- und Obertönen besteht, so setzt sich die Materie aus einer Vielzahl von Elementen zusammen, die in mehrfacher Hinsicht von geometrischen und arithmetrischen Gesetzmäßigkeiten bestimmt wird. Bis in die kleinsten und unscheinbarsten Teile und Bereiche ist die Materie von dieser Gesetzmäßigkeit durchdrungen.
Die gleichen Gesetze, wie sie für unser Sonnensystem maßgebend sind, bestimmen die Ordnung unserer Musik, die Strukturbildung in Pflanze und Mineral und die Ordnung der Atome.
Da nun die gesamte Wirklichkeit, die uns umgibt, aus Grundstoffen besteht, die diesem Gesetz von Zahl und Form gehorchen, nimmt es nicht wunder, daß alles von der Zahl und ihrer Ordnung geregelt wird.
Die Materie als die für uns sichtbare Realität, ist in ihrer Grundlage, in Bewegung und Entwicklung, in ihren Prozessen, Zyklen und Perioden, in ihrem Puls und Rhythmus, in ihren Strukturen und Formen von eben dieser Gesetzmäßigkeit bestimmt. Die Materie, mit besseren Worten die Natur, ist daher für uns Gegenstand und sichtbares Bild

Die Intervalltabelle

Bezeichnung	Verhältnis	Ergebnis	Kehrwert
Prime			
Grundnote	1 : 1	= 1	1
Oktave	1 : 2	= 0,5	2
Quinte	2 : 3	= 0,666...	1,5
Quarte	3 : 4	= 0,75	1,333...
große Sexte	3 : 5	= 0,6	1,666...
große Terz	4 : 5	= 0,8	1,25
kleine Terz	5 : 6	= 0,833...	1,2
kleine Sexte	5 : 8	= 0,625	1,6
kleine Septime	5 : 9	= 0,555...	1,8
große Sekunde	8 : 9	= 0,888...	1,133...
große Septime	8 : 15	= 0,533...	1,877...
kleine Sekunde	15 : 16	= 0,106...	1,0633
Tritonus	32 : 45	= 0,711...	1,71875

einer allgemeinen und umfassenden geistigen Ordnung.
Es ist ein geistiges Prinzip, das in dieser Gesetzmäßigkeit als ordnende Intelligenz zur Aussage kommt: Natur ist wörtlich „Das Geborene" und meint das diese Universal-Intelligenz offenbarende Moment „Das Äußere ist Spiegel des Inneren."
Und eben das ist Esoterik, das Hinterfragen und Erfassen der inneren Zusammenhänge: Alles wird getragen von einem ihm innewohnenden Gesetz, das letztendlich auf nichts anderes als auf Schwingung basiert. Dies und nichts anderes war der Inhalt der Pythagoreischen wie Keplerschen Lehre.
Was hatte Kepler gemacht, um diesen inneren Zusammenhang in den Bewegungen der Planeten zu erkennen?
Als Astronom wußte Kepler von der ab- und zunehmenden Planetengeschwindigkeit. In der größten Sonnennähe, im Perihel, werden die Planeten auf ihrer Umlaufbahn beschleunigt, in der größten Sonnenferne im Ap-Hel (aphel) erreichen sie ihre langsamste Geschwindigkeit, um nach der Wende wieder zu beschleunigen.
Diese zu- und abnehmende Geschwindigkeit der Planeten faßte Kepler in den beiden Winkelgeschwindigkeiten der größten und kleinsten Geschwindigkeit und verglich diese Geschwindigkeiten der Planeten untereinander. Dabei zeigte sich, daß die sich ergebenden Verhältnisse identisch waren mit den Verhältnissen der Tonfrequenzen unserer Musik.

Vergleichen wir einige sich in diesen harmonikalen Verhältnissen bewegende Planeten:
Die Verhältniszahl der synodischen Umlaufzeiten von Mars und Venus 779,94 und 583,92 ergeben folgendes Ergebnis:

Mars Venus
779,94 : 583,92 = 1,333...

In der Intervalltabelle finden wir 1,333 für die Quarte. Mars und Venus stehen in ihrem synodischen Umlauf im Verhältnis der Quarte zueinander.

Venus Erde
583,92 : 365,2422 = 1,59872

In der Intervalltabelle finden wir 1,6 (1,59872 aufgerundet) für das Verhältnis der kleinen Sexte.

Johannes Keplers Planetenberechnung:

Aphel- und Perihelgeschwindigkeiten geteilt durch einen harmonikalen Wert, z. B. 256 = C' oder entsprechende Teilwerte desselben.

Symbol	Große Halbachse	Numer. Exentrizität.	Siderische Periode	Perihelabstand	Aphelabstand	Winkelgeschw. in sec/Tag im Perihel	im Aphel	Verhältnis der Winkelgeschw.
	a	e		r	R			
1	2	3	4	5	6	7	8	9
☿	0,3871o	0,2o56	0,24o8	0,31368	0,46o52	22.440,o	10.411,2	2,1554
♀	0,72333	0,oo68	0,6152	0,71841	0,72825	5.846,8	5.689,9	1,o276
⊕	1,ooooo	0,o176	1,oooo	0,9833o	1,o167o	3.669,7	3.432,6	1,o691
♂	1,52369	0,o933	1,88o9	1,38153	1,66585	2.294,6	1.578,2	1,4539
♃	5,2o28o	0.o484	11,8622	4,95o98	5,45462	330,32	272,14	1,2138
♄	9,53884	0,o558	29,4577	9,oo657	10,o7111	135,11	1o8,o5	1,25o4
♅	19,19o98	0,o471	84,o153	18,287o8	20,o9784	46,511	38,519	1,2o75
♆	30,o7o67	0,oo86	164,7883	29,812o6	30,32928	21,9o7	21,166	1,o35o
♇	39,5177o	0,2486	248,42oo	29,6936o	49,3418o	25,298	9,1616	2,7613

Symbol	Reduktion der Aphelgeschwindigkeiten: Saturn auf 1,5 = g.		Reduktion der Perihelgeschwindigkeiten: Saturn auf 1,5 = g.	
	1o	11	12	13
☿	311,52 : 256 = 1,2169	144,53 : 128 = 1,1291	249,13 : 128 = 1,9463	115,585 : 64 = 1,8o6o
♀	81,168 : 64 = 1,2682	78,989 : 64 = 1,2342	64,9112 : 64 = 1,o142	63,1693 : 32 = 1,974o
⊕	50,944 : 32 = 1,592o	47,653 : 32 = 1,4892	40,741o : 32 = 1,2732	35,8883 : 32 = 1,19o9
♂	31,8546 : 16 = 1,99o9	21,9092 : 16 = 1,3693	25,4746 : 16 = 1,5922	17,4212 : 16 = 1,o951
♃	4,5856 : 4 = 1,1464	3,778o : 2 = 1,889o	3,6672 : 2 = 1,8336	3,o213 : 2 = 1,51o6
♄	1,8757 : 1 = 1,8757	1,5ooo : 1 = 1,5ooo	1,5ooo : 1 = 1,5ooo	1,1996 : 1 = 1,1996
♅	0,64568 :0,5 = 1,2914	0,53474 :0,5 = 1,o695	0,51637 : 0,5 = 1,o327	0,42764 :0,25 = 1,71o6
♆	0,3o412:/,25 = 1,2165	0,29383:0,25 = 1,1753	0,24321:0,125 = 1,9457	0,23498:0,125 = 1,8799
♇	0,3512o:0,25 = 1,4o48	0,12718:0125 = 1,o174	0,28o86: 0,25 = 1,1234	0,1o171: 0,o625=1,6274

Die mittleren Sonnenabstände der Planeten
und das harmonikale Verhältnis

Merkur	57,91 Mill. km
Venus	108,21 Mill. km
Erde	149,6 Mill. km
Mars	227,9 Mill. km
Jupiter	778,3 Mill. km
Saturn	1 428,0 Mill. km
Uranus	2 872,0 Mill. km
Neptun	4 498,0 Mill. km
Pluto	5 910,0 Mill. km

Venus	:	Merkur	=	108,21 : 57,91	=	1,868 589
Venus	:	Merkur	=	große Septime	=	1,877...
Venus	:	Erde	=	Tritonus	=	0,718...
Mars	:	Erde	=	Quinte	=	1,5...
Saturn	:	Jupiter	=	kleine Septime	=	1,8...
Jupiter	:	Mars	=	Tritonus	=	1,7...
Neptun	:	Pluto	=	Quarte	=	1,333...
Pluto	:	Uranus	=	Oktave	=	2,05
Merkur	:	Erde	=	große Terz	=	1,25...

Der synodische Venusumlauf steht zum Erdenjahr im Verhältnis der kleinen Sexte.
Bei der siderischen Umlaufzeit der Venus, das ist der tatsächliche Sterntag der Venus, die Zeit ihres Umlaufs bis zur Rückkehr zum selben Stern zum Erdenjahr stehen im Verhältnis vom Goldenen Schnitt:

Venus		Erde		
224,7	:	365,2422	=	0,6152..

Das geistige Zielbild

Der amerikanische Professor Harald Saxon Burr an der Yale-Universität entdeckte bei seinen Forschungen das „geistige“ Zielbild des Lebens.

Hochfrequenzaufnahmen von Weizensamen und Froscheiern zeigten, daß diese ein vorgegebenes „geistiges“ Zielbild haben. Das Weizenkorn trägt als „geistiges“ Zielbild den ausgewachsenen Halm mit der ausgereiften Ähre, der Frosch den ausgewachsenen Frosch. In diesem „geistigen“ Zielbild des Lebens begegnen wir der Wirkung wie der Kraft des Bildes; denn nicht Gedanken waren es, die das Weizenkorn oder das Froschei tragen, sondern das Bild.

Das Bild ist nach Erkenntnis aller Forschung das stärkste.
Was sagt uns dies? Ist das Bild in der Tat das stärkste, dann haben wir durch Bilder Anteil an all dem Geschehen, das sich um uns abspielt.

Wer also kann uns daran hindern, ein Bild mit uns zu tragen und in die Welt zu senden, das die Welt

wie Mensch und Leben in Ordnung sieht!
Die Vernichtung des Lebens findet ihre Wende in diesem „heilen“ Bild von Welt und Mensch. Erst dann werden wir der Bezeichnung Mensch (manusya = „Der des Denkens und des Geistes Fähige, das Gesetz zu erkennen“) gerecht und setzen in der Tat die uns zu Gebote stehende „geistige“ Kraft ein.

Das Ordnungsprinzip und die Geschichte

Sollte die Lehre des Pythagoras richtig sein, dann müßte sich die Wirksamkeit dieses Ordnungsprinzips auch in der Geschichte nachweisen lassen.
Dies zu untersuchen kamen mir meine Kenntnisse von der „vorrückenden“ Bewegung des Frühlingspunktes zustatten.
Die Alten hatten die Zeitalter nach dem Frühlingspunkt-Aufenthalt benannt, d. h. zu der Zeit, als sich der Frühlingsaufgang der Sonne im Tierkreiszeichen des Stieres befand, nannte er diese Zeit die Stierzeit und verehrte Gott in der Gestalt eines Stieres, als der Frühaufgang in den Widder wechselte, nannte er es Widderzeit und verehrte Gott in der Gestalt eines Widders, als der Frühaufgang in die Fische wechselte, nannte er es Fischezeit und verehrte Gott unter dem Symbol der Fische.
Eine solche Zeit währt jeweils 2 160 Jahre. Zur Auffindung der Periodizität in der Geschichte nach eben diesem Ordnungsprinzip wählten wir das klassische Dreieck des Pythagoras mit seinen Seiten 3, 4 und 5.
Wir teilten also diese Zeit durch 3, 4 und 5.
2 160 : 3 = 720 Puls
2 160 : 4 = 540 Rhythmus
2 160 : 5 = 432 Struktur
Diese Rhythmen, Perioden und Zyklen fanden wir in der Geschichte aller Völker. Wir fanden sie als Zeitintervalle z. B. mit der Zeit von 2 160 zwischen Rom und Washington, den beiden chinesischen Revolutionen, der Römischen und Französischen Revolution, zwischen Pythagoras und Johannes Kepler, zwischen Platon und Wilhelm v. Humboldt usw.
Die Übereinstimmungen in den Wiederholungen sind zu ihrem geschichtlichen Vorbild so frappierend, daß man sich in jene Zeiten zurückversetzt wähnt.
So gründete Rom das Imperium Romanum und trat in der Geschichte mit dem Herrschaftsanspruch auf, die erste und führende Nation aller Nationen zu sein. Es war davon durchdrungen, allen Völkern das Glück und den Segen seiner Handelstüchtigkeit bescheren zu müssen und unterwarf die Völker doch nur dem Schein eines veräußerten Seins, und es errichtete das Capitol. Die

USA traten mit dem gleichen Anspruch auf und errichteten ebenfalls ein Capitol.
Betrachten wir darum einmal den 2160jährigen Zyklus zwischen dem römischen Feldherrn Camilus, Marcus Fuvius und Georg Washington. Beide sind die Begründer eines Weltreiches mit gleichem Anspruch und gleicher Motivation, beide wollen den Völkern Freiheit bringen und brachten Abhängigkeit von einem Wirtschaftssystem.
Marcus Fuvius Camilus gilt in der Geschichte als zweiter Begründer Roms, er bewahrte Rom vor dem Untergang, er wehrte die Gallier ab, die schon in Rom waren. Georg Washington ist Begründer der USA. Beide wählten sie als Sprache eine Sprache, die nicht die der Mehrheit war, die Römer wählten die Sprache der Latiner, die USA die englische Sprache.

428 v. Chr.
Geburt des Feldherrn Camilus, Marcus Fuvius
1732 n. Chr.
2160 Jahre später:
Geburt des Georg Washington

Alles, was sich im Leben der beiden abspielt, liegt in diesem Rhythmus von 2160 Jahren.

211 v. Chr.
Ende der Shang-Yang-Dynastie, Sieg der Ch'in. Erste Reichsgründung der Ch'in, China.
1949 n. Chr.
2160 Jahre später:
Sieg der Kommunistischen Revolution in China unter den gleichen Vorzeichen wie die Revolution der Ch'in.

272—236 v. Chr.
Ashoka Piyadasi. Begründer des ersten Großreiches Indien.
1869—1949 n. Chr.
2160 Jahre später:
Mahatma Gandhi, Führer der indischen Freiheitsbewegung, erreicht die Unabhängigkeit Indiens von England.

640—559 v. Chr.
Zur Zeit des Solon erstes Auftreten der Lehre von König Atlas, das heliozentrische System.
1473—1543 n. Chr.
Nikolaus von Kopernikus
2160 Jahre später
lehrt Kopernikus erneut das heliozentrische System usw.

589—530 v. Chr.
Pythagoras
1571—1630 n. Chr.
Johannes Kepler

540 v. Chr.
lehrt Pythagoras das Ordnungsprinzip der Welt, daß alles nach Zahl, Maß und Gewicht dem Gesetz der Musik folgt.
2160 Jahre später
veröffentlicht Johannes Kepler die 5 Bücher Harmonices mundi, darin er das Ordnungsprinzip der Welt nachweist.

In dem Puls von 720 Jahren bewegen sich bedeutende Ereignisse der Geschichte, für Europa in den Personen:
Attila
Dschingis Khan
Stalin

Im Rhythmus von 540 Jahren
Pythagoras
Das Jahr 0
Der Gregorianische Choral
Die Gotik
harmonices mundi

Die Struktur im Rhythmus von 432 Jahren
Esra (Pentateuch);
Das Jahr 0;
432 Die Gesetze des Theodisianus
864 Die Fälschungen von Dokumenten zur Erweiterung der päpstlichen Macht;
1296 Klericis leikos, die Befreiung des Klerus von jeglicher Steuer;

1728 Die Unfehlbarkeitserklärung des Papstes

Wenn die Ereignisse hier immer wiederkehrend erscheinen, so ist es doch nicht so, daß wir unabwendbar dem ewig gleichen Schicksal von Krieg, Hunger und Not ausgesetzt wären.
Zwar ändern sich nicht die dem Gesetz gehorchenden Zyklen, wohl aber die damit verbundenen Ereignisse; denn diese Ereignisse sind maßgebend das Ergebnis einer Rückkoppelung, beeinflußt und bestimmt aus unserer inneren Haltung.
Ändern wir unser Denken, werden die Ereignisse andere sein.
Das Verhängnis der Welt und ihres Schicksals liegt nach dieser Erkenntnis in einem falschen Denken begründet.
Die Wendung zum Besseren kann dann nur von einem Umdenken her kommen. Diese Umkehr des Denkens ist als erstes:

Die Abkehr von jeglicher Gewalt.

Die Änderung der Welt beginnt bei mir und nicht beim anderen. Indem ich mein Denken ändere, habe ich mich geändert und damit habe ich die Welt geändert.

Die Welt von heute sollte uns Zeugnis dafür genug sein, wohin das Gewaltdenken führte. Das Gewaltdenken mit einer riesigen Waffenproduktion, die angeblich zur Verteidigung erdacht und erfunden wurde, hat dem Menschen die mehrmalig mögliche Vernichtung allen Lebens in die Hand gespielt. Das sollte nun wirklich das Ende dieses Denkens sein.
Diese Situation, in welche die Menschheit durch Gewaltdenken hineinmanövriert wurde, signalisiert die geistige Krankheit, von der die Menschheit befallen war. Sie ist in der Tat die Schwelle der möglichen Umkehr oder der Selbstvernichtung.

Eine Frage zum Abschluß

Eine Frage haben wir bisher nicht gestellt. Das ist die Frage, wieso es geschehen konnte, daß ein solches Wissen wieder so ganz und gar vergessen wurde und beinahe ganz verlorenging, verloren fast für immer.
Daß es nicht verlorenging, lag wohl an Folgendem, was hier erwähnt werden darf, um auch einmal zu hinterfragen, was denn die Dinge eigentlich für einen tieferen Sinn haben.
Vier Männer, in de facto nur drei, unternahmen das gleiche, jedoch unter anderen Gesichtspunkten und mit anderer Zielsetzung:
Die Brüder Grimm sammelten die Überlieferung im Volke und retteten die Märchen vor dem Vergessenwerden; der griechische Dichter Pindar ging ins Volk und sammelte die Überlieferung, dahinter zu kommen, wes Inhalt sie eigentlich sei — und erkannte darin eine himmelskundliche Aussage atlantischer Frühzeit, und der jüdische Prophet Esra sammelte die Überlieferung aus dem Volke und machte sie zur Grundlage einer Religion.

Die Brüder Grimm waren sich im klaren darüber, daß sie ein wertvolles Kulturgut sammelten, möglicherweise ein Gut, das eine wesentliche Aussage über den Menschen enthalte. Pindar sammelt, um den tieferen Sinn zu erschließen. Er macht das u. a. an der Mythe des Narkissos und der Narkissa deutlich. Bei einer alten Bäuerin erfährt er, daß die Mythe des Narkissos ursprünglich etwas anderes war als eine Mythe der Eigenliebe. In dieser alten Form heißt es, daß Narkissos eine Zwillingsschwester gehabt habe, die ihm bis aufs Haar gleich war. Aber ein tragisches Geschick trennte die Kinder früh voneinander, und diese verzehrten sich in großer Liebe und Sehnsucht nach einander.

Eines Tages, es war „des Jahres heißester Tag", geschah es, daß Narkissos, durstig von der Anstrengung des Tages, zu einem Brunnen rannte, daraus zu trinken. Als er sich niederbeugte, mit der hohlen Hand aus dem Brunnen zu schöpfen, vergaß er zu trinken, aus der Tiefe lächelte ihm das Bildnis seiner Schwester entgegen. Beider Bild aber verschmolz bald derart miteinander, daß er nicht mehr wußte, ob es sein Bild oder das seiner Schwester war. Und er konnte nicht zu ihr, das Wasser war viel zu tief. Und so schmolz er vor Sehnsucht dahin. Pindar sieht in den beiden Zwillingsgeschwistern Narkissos und Narkissa die Sonnenkinder, Sommer- und Wintersonne, die sich bis aufs Haar gleichen, aber eben von einem tragischen Geschick früh getrennt werden und nie zusammenkommen.

Des Mittags am Tage der Sommersonnenwende, wenn die Sonne so hoch steht, daß sie sich in einem jeden Brunnen spiegelt, sehen sich beide, können aber doch nicht zusammen, und Narkissos schwindet vor Sehnsucht dahin, die Tage werden wieder kürzer.

Der Prophet Esra aber sammelt ebenfalls die im Volke noch lebendige Überlieferung und faßt sie zum Pentateuch, zu den 5 Büchern Mose zusammen. Er veröffentlicht sie im Jahre 432 v. Chr., und sie werden zur Grundlage einer Religion.

Mag es viel Leid, viel Kummer gebracht haben, die Esoterik hinterfragt hier und erhält als Antwort: Wäre diese Tat unterblieben, wäre uns die Überlieferung nicht erhalten. Nur durch die Tatsache, daß die Überlieferung in den Bereichen Religion zu besonderer Bedeutung erhoben wurde, konnte sie die Zeit der Wirren und des Vergessens überdauern. Dem Menschen blieb dadurch der mögliche Weg seiner Rückführung zu sich selbst erhalten.

Hätte also Esra nichts anderes getan als Pindar und die Brüder Grimm, wäre die Überlieferung zwar damals erklärt worden, wäre aber bis heute doch ganz und gar verlorengegangen und vergessen.

Doch zurück zu unserer Frage. Sicher haben Zeit und Katastrophen mit dazu beigetragen, daß dieses Wissen verlorenging, vor allem die Katastrophe der Sintflut.

Ein wesentlicher Faktor aber ist noch zu erwähnen.

Unsere Frage an die Paläontologie ließ uns wissen, daß der Trieb in jener Zeit der Bedrohung eine besondere Ausbildung und Kräftigung erfuhr, daß der Mensch aus der natürlichen Einbindung im Jahrlauf austreten konnte und der Zeugung wie Empfängnis das ganze Jahr über fähig wurde. Die Frage des Überlebens, die zur Ausbildung dieser Triebstärke führte, sollte dann in ihr Gegenteil umschlagen, nämlich zur Überbevölkerung.

Was lag nun näher als der Gedanke der Auswanderung und Siedlung in anderen Gegenden der Welt.

Die Welt war den Seefahrern bekannt, sie trieben Handel und gründeten Niederlassungen. Aufgrund ihrer besonderen Kultur, die nach den himmlischen Vorgängen ausgerichtet war, genossen sie bei allen anderen Völkern Hochachtung. Bald aber merkten sie, welche Vorteile ihnen ihr Wissen einbrachte, und daß ihr Wissen von den anderen gar nicht verstanden wurde, weil nicht verstanden werden konnte, hatten diese Völker doch nicht den gleichen naturgegebenen Anschauungsunterricht.

So wurde langsam erst und vielleicht gar widerstrebend aus dem Märchen die spätere Religion. Es war sicherlich bequem, auf diese Weise eine Führung der Menschen zu bewerkstelligen. Und das funktionierte gut.

Und es kam, was kommen mußte. Jahrtausende gingen ins Land, die alte Heimat wurde vergessen, Katastrophen brachen über diese herein, den Enkeln und Urenkeln ging allmählich verloren, was deren Großeltern und Urgroßeltern von der Überlieferung noch wußten. Außerdem waren sie, ohne es eigentlich zu wollen, zu einer Art Herrenmenschen herangewachsen. Organisation und Planung lag ihnen.

Aus der ursprünglich hohen Kultur des gleichwertigen Nebeneinander von Frau und Mann, der Ausrichtung auf geistige Entwicklung mit der natürlichen Hochschätzung der Frau als Juwel der Schöpfung, als Verheißung des Lebens, brach aus und schlug in die Mutterrechtskultur um. Nun wurde die Frau zur Herrin und der Mann ihr Diener.

Das Mittel der Gewalt fand seinen Einzug ins Denken der Menschen.

Hinzu kam eine abermalige Überbevölkerung. Man züchtete das Wildpferd zum mannbaren Pferd und entwickelte das aus der Urheimat bekannte Scheibenrad, das dort genügt hatte zum Transport von Holz, Steinen und anderem Material, zum Speichenrad. Dies war stabiler, vor allem infolge seiner Federung widerstandsfähiger und war brauchbar für Kriegszüge.

Langsam, aber sicher rollten die Kriegszüge aus dem fernen und näheren Osten auf die alte Heimat zu, und die Krieger setzten sich als Herrenmenschen über die daheimgebliebenen Blutsverwandten.

Diese zurückflutenden Scharen, dem Kriege und der Gewalt verschrieben, brachten das alte Wissensgut in entstellter Form an den Ort seines Ursprungs zurück, statt Wissen lehrten sie Religion.

Seit mindestens 6000 Jahren ist Europa von diesen zurückflutenden Kriegern fremdbestimmt. Einmal fremdbestimmt, weckt die Sehnsucht nach dem eigenen Selbst, hält aber gleichzeitig die Gefahr gegenwärtig, von einer Fremdbestimmung in die andere zu geraten. Hier gibt es nur einen Weg, der aus der Sackgasse herausführen kann, das ist der bewußte Weg zu sich selbst.

Diesen Weg gehen zu können aber muß man erst wissen, wer man selbst ist. Das gezeigt zu haben, war eins der wesentlichsten Anliegen dieser Schrift.

Diesen Weg zurück können wir nicht bewältigen mit den Mitteln der Gewalt, dieser Weg geht nur über uns selbst, über Besinnung auf uns selbst und durch die Rückkehr zu uns selbst. Dieser Weg fordert ein Umdenken.

Im Denken sieht Pythagoras die Wurzeln unserer Entwicklung. Die Art und Weise, wie wir denken, bestimmt unser Schicksal:

Denken — Fühlen — Hören — Sehen,

Denken — Wahrnehmen — Erkennen — Unterscheiden,

Denken — Reden — Handeln — Ordnen
bilden eine unzertrennliche Einheit. Wir können nicht anders hören, fühlen, sehen, wahrnehmen, erkennen und reden wie wir denken.
Man führe einmal verschiedene Berufsstände in dieselbe Natur, etwa einen Krieger, einen Bauern und einen Naturschützer.
Alle drei werden sie die Natur anders erleben, anders sehen, anders beurteilen. Der Krieger wird sie auf ihre Brauchbarkeit für einen Krieg einschätzen, der Bauer sieht Frucht und Getreide darauf, und der Naturschützer wird nur sehen, was alles im argen liegt.
Was immer uns begegnet, liegt in uns selber begründet. Es gibt nichts, das wir nicht aus uns selbst heraus mit herbeigeführt hätten.
Was wir bewußt und wissentlich in den geistigen Bereichen der Entwicklung nicht vollziehen oder nicht vollziehen konnten, weil uns das Wissen dazu noch fehlte, sind wir immer gezwungen, in den körperlichen Bereichen nachzuvollziehen, sei es als Krankheit oder Schicksal, als Leid und Kummer oder wie auch immer.
Wir sind gezwungen, alle Entwicklung in den Bereichen des Unbewußten zu vollziehen, solange uns das All-Bewußtsein mangelt.
Dieses geforderte All-Bewußtsein zu entwickeln, bedarf es des Wissens und der Bereitschaft. Das, nicht mehr und nicht weniger, forderte Pythagoras: Wissenserweiterung und Bereitschaft.

Nichtsein ist nicht

Wir machen uns noch einmal den Inhalt der esoterischen Lehre bewußt, wie sie Permenides, ein Schüler des Pythagoras, in Gedichtform hinterlassen hat:

Nichtsein ist nicht!
Es gibt nur ein *Sein*,
wechselnd zwischen
Tod und Leben:
Ewiges Sein durch:
Zeugung und Wiedergeburt!

Das durch Struktur, Bild und Gestalt ewig sich wandelnder Formen höher entwickelte Bewußtsein ist das über den jeweiligen Zerfall hinaus Fortbestehende. Dieses Bewußtsein ist das eigentliche Ziel der ganzen Entwicklung. Der das Bewußtsein entwickelnde, formende, gestaltende und bildende Geist lebt in diesen Strukturen, Formen und Gestalten. Das läßt erkennen: „Der bildende Geist kann die Entwicklung des Bewußtseins nur über eine bestimmte Kette der Entfaltung weiterreichen."
An diesem unserem Bewußtsein, an unserem Wissen, an der Welt unserer Gefühle, an Erkenntnis- und Erlebnisfähigkeit, an Interessen und

Freuden haben Milliarden von Vorfahren mitgewirkt.
Guido von Kolbenheyer drückt diesen Gedanken so aus: „In der Liebesbegegnung der beiden elterlichen Organismen stürzen zwei Erbwellen ineinander, die Jahrmillionen des Daseinskampfes und der Daseinslust fortwirkend in sich tragen. Welch eine Wucht des Ausscheidens und des Beharrungskampfes über Jahrmillionen hin! In diesem Gedanken liegt ein Ethos, das über alles Religiöse hinausgreift. Es enthält die äußerste, die innerlichste Verpflichtung deiner selbst zum Geschick deines Lebens.
Dein Organismus ist kein Geschenk, er ist das Zeugnis eines Daseinskampfes unabsehbar weiter Ahnenwelten um den Bestand des Lebens selbst.“

Ausklang

Der Mensch ist zweifellos das vorläufige Endergebnis einer jahrmilliardenlangen Entwicklung, das Ergebnis einer Entwicklung, die keineswegs im Menschen ihr Ende gefunden hat, sondern, den Menschen als Glied einer endlosen Kette nutzend, diese über ihn hinaus fortsetzt.
Diese Situation des Menschen muß dem Menschen der Frühzeit bewußt gewesen sein, das läßt die Bezeichnung erkennen, die er sich gab: manusya = Mensch: „Der des Denkens und des Geistes Fähige, das Gesetz zu erkennen.“
Der Mensch jener Frühzeit, der für sich diese Bezeichnung fand, hatte den Sinn seines Daseins anders begriffen als der heutige fast gänzlich veräußerlichte Mensch, der nur dem Äußeren nach noch Mensch war.
Der frühe Mensch stand ganz im Dienste der Evolution, sein über viele Stationen einer jahrmilliardenlangen Entwicklung bis zu ihm hin gebildeten Universal-Bewußtsein bewußter und wissender weiter zu entwickeln.
Jener Mensch lebte in und mit der Natur, die Natur war ihm „der Gottheit lebendiges Kleid“, er empfing dieses Wissen, das wir heute Esoterik nennen.
Dem heutigen Menschen war all dies unbekannt geworden und verlorengegangen. Seit Jahrtausenden, verstärkt durch die Industrialisierung der letzten hundert Jahre mit lawinenartig zunehmender Vertechnisierung von Welt, Mensch und Leben, das Endstadium dieser Entwicklung anzeigend, lebte der Mensch immer mehr in einer sich von der Natur entfernenden Weise. Heute steht er der Natur fremd gegenüber und hat sie in einer Weise geschädigt, daß seine eigene Existenz bedroht ist. Dieses Leben bedingte widernatürliche Gesellschaftsformen, die sich durch ebensolch naturwidrige Gesetzgebung gegen alle Vernunft, Einsicht und Erkenntnis zu schützen wußte. Sie baute auf Gewalt.
Dieser aller Natur hohnsprechenden Lebensweise hatte sich der Mensch bedingungslos unterworfen.
In dieser ihm heute aussichtslos erscheinenden Lage spürt er ein immer stärker anwachsendes Unbehagen. Er wurde sich der Einbindung in einer naturwidrigen Lebensweise bewußt und verspürt zunehmend die ihn ergreifende Sehnsucht zu-

rück in die Geborgenheit der Natur.
Wie aber das beginnen und verwirklichen?!
Die Änderung der Verhältnisse beginnt in der Änderung unseres Denkens. Das einzige, was immer überlebt, ist das Universal-Bewußtsein, das sich immer wieder neu verkörpernd, die Entwicklung bewußter Wahrnehmung und bewußten Lebens weiterbringt.
Dieses Universal-Bewußtsein ist das Unsterbliche, das im ersten Atemzug des Universums ebenso zugegen war wie im Mikrobiendasein, das die ersten Atomverbindungen über Schall- und Wellenlängen zu Molekülen verband und das organisierte Leben der Materie möglich machte, es schrieb all seine Erfahrungen als Erbinformation der DNA ein.

Die Aufgabe der Musik und ihre Funktion

Welche Aufgabe die Musik hat und welche Funktion sie erfüllt, wird uns am besten verständlich, wenn wir einmal in die Sprache hineinhören. Darin heißt es „Erhört werden . . .“ Mittels Lieder und Gesänge warb der Mann einst um die Geliebte.
Johann Sebastian Bach nannte die Musik „. . . den Mutterschoß alles Seienden, aus dem das Wunderbare immer wieder neu hervorgeht . . .“
Demokrit nannte die Musik „. . . die allgemeine und für alle verständliche Menschensprache . . .“
Nietzsche verstand die Welt ohne Musik als Irrtum, die Dichter besingen die Welt als Musik. Und jeder Mensch bringt seine Gefühle, insbesondere Freude, durch Musik zum Ausdruck.
Wenn es gilt, daß schließlich und letzten Endes alles vom Impuls der Schwingung ausgeht und alles Gewordene das sichtbare Ergebnis eben dieser Ur-Schwingung ist, dann läßt uns die Art, wie der Mensch Musik betreibt, Musik erlebt und erfährt, vieles über den Menschen aussagen.
Aber Musik — und das hörten wir von Pythagoras — jeder Ton ist schon die Summe vieler Töne, die den einen Ton erst ausmachen — teilt sich auf in Einzelschwingungen, in Sequenzen.
Auch die lebende Zelle informiert das Gehirn mittels solcher Sequenzen. Die im Gehirn ankommenden Informationen der Zelle bestehen aus einfachen Sequenzen elektrischer Potentiale.
Inwieweit ein Gehirn in der Lage ist, diese bioelektrischen Reizfolgen in eigene Vorstellungen und damit in Bilder zu übertragen, ist davon abhängig, wie groß das Archiv an Erfahrungen und vergleichbarer Bilder der übermittelten Information ist. Erst jetzt wird sie zur Wahrnehmung und führt zur unbewußten Reaktion.
Ziel des Lebens ist die bewußte Reaktion. Mit anderen Worten: Ziel der ganzen Entwicklung ist das bewußte Leben.
Ist das bewußte Leben, d. h. die immer größer werdende und anwachsende mit Bewußtsein gemachte Erfahrung das Ziel der ganzen Entwicklung, dann kann sich dies nur auf einem dem Ganzen zugrundelie-

genden Ordnungsprinzip vollziehen.
Genau hier werden Aufgabe und Funktion der Musik sichtbar. Alles, was wir bisher aufzeigen konnten, das Sonnensystem, Strukturen und Proportionen, die Atome und die DNA sind nach dem gleichen Ordnungsprinzip bestimmt. Wenn nun der Mensch musiziert, erregt er damit bestimmte Vorstellungen und Gefühle, er ruft Welten ins Dasein. In der gleichen Weise wie die Struktur eines Edelsteins oder Kristalls das Ergebnis der schwingenden Sequenzen ist, die infolge des vorgegebenen Grundmaterials eben nur dies und nichts anderes daraus machen konnten, so sind wir das Ergebnis unseres Denkens und Fühlens. Unsere Gedanken bestimmen die Art unserer Gefühle, das zumindest sollte so sein, diese Korrelation zwischen Denken und Fühlen sollte von uns hergestellt werden — Angst und Freude erzeugen schließlich Sequenzen, die ausstrahlen und wieder Freude oder Angst wecken.
Wenn nun die Welt voller Angst ist, kann sich da noch etwas anderes entwickeln als Angst?! Das Leben aber ist da, sich des Daseins zu freuen.
Die Entwicklung des zunehmenden und reifenden Bewußtseins ist nur möglich, wenn die alten gemachten Erfahrungen gemäß dem Gesetz der Wiederholung dem neuen Dasein als Basis der Weiterentwicklung zur Verfügung stehen.
Dieser Gedanke läßt in der Konsequenz keine andere Schlußfolgerung zu als den Gedanken des ewigen Seins.
Nicht der Körper, sondern das in all den Jahrmilliarden entwickelte Bewußtsein ist das Unsterbliche, das in seiner Grundstruktur eben nichts anderes als Schwingung ist.
An einem einfachen Beispiel in der Technik machen wir uns dies vielleicht am besten klar. Wenn wir mit einem Menschen telefonieren, dann wird das in die Muschel gesprochene Wort in einzelne elektrische Sequenzen zerlegt und im Hörer des Empfangenden wieder ins Wort zusammengesetzt. Dabei bleibt alles Eigenartige des Sprechers erhalten, sein Tonfall, die Wärme, Kälte, Härte oder die Weichheit seiner Stimme, die Betonung usw., alles wurde in Sequenzen zerlegt und wird wieder in den Ursprung zurückgeführt.
Genauso verhält es sich mit dem Radio oder Fernseher. Die ausgestrahlten Sendungen werden über eine bestimmte Frequenz gesendet und über diese empfangen. Auch hier kommt es zu einer Zerlegung der Ausstrahlungen in Sequenzen, wobei jede besondere Eigenart des Ausgestrahlten voll erhalten bleibt und wieder für den Empfänger in seinem Ursprung rückführbar ist.
Dieses uns von der Technik gelieferte Bild ist brauchbar, uns in etwa eine Klarheit zu geben über jene unseren Sinnen verborgene Vorgänge des Lebens und seiner Ewigkeit.
Bleiben wir bei dem gegebenen Bild der Technik, darin Bild, Wort und Ton bei der Ausstrahlung in Sequenzen (Schwingungseinheiten) zerlegt werden, dann erkennen wir doch sogleich, daß unser gesamter Äther von Sequenzen ausgestrahlter Impulse von Sonne, Mond, Planeten, von der Erde und ihrem Leben und ihren Lebewesen erfüllt ist. All diese ausgestrahlten Sequenzen liegen in bestimmten Frequenzbereichen und sind über diese Kanäle erreichbar.
Jedes einzelne Lebewesen wiederum verfügt über einen seinem Wesen und seiner Eigenart entsprechenden Mechanismus, diese im Weltall auf bestimmten Frequenzen schwingende Sequenzen zu empfangen und entsprechend seiner Eigenart zu

transponieren, d. h. in eine für das Lebewesen und seine Artgenossen verständliche Weise in Bilder, Töne oder Verhaltensweisen zu übertragen.
Dies führt beim Menschen schließlich zur Intuition. Die Intuition ist nichts anderes als der Empfang solcher Sequenzen, die mehr oder weniger gültig in Gefühl, Gedanke, Bild, Ton, Gesang oder Spiel transformiert, man kann auch sagen transponiert werden.
Zweierlei sind also hier aufeinander bezogen und unerläßliche Voraussetzung: Die Impulse bzw. deren Sequenze (Schwingungseinheiten) und die Beschaffenheit des Empfängers. Je größer das Gesichtsfeld, je profunder das Wissen, je tiefer das Gefühl und die Empfindlichkeit sind, um so größer ist der Genius eines Menschen, um so tiefer sein Einblick in die inneren Zusammenhänge und sein Überblick über das Geschehen im Ganzen.

Dieses Bild ist geeignet, uns mehr Verständnis und Einblick für vielerlei Phänomene zu geben, so für die Kraft der Gedanken, für die Wirkung des Bildes, für den Zauber des Glaubens und die Allgewalt des Gefühls. Um was es uns hier zu tun ist, ist folgendes: einmal ausgestrahlte Sendungen gehen nie mehr verloren. Ein einmal gedachter Gedanke hat bleibenden Bestand, ein einmal gelebtes Leben ist unvergänglich. Leben bedingt Tod, aber Tod bedingt Leben.

Wenn wir unsere einzelnen Daseinstage, Leben, Existenzen oder Inkarnationen, wie immer es genannt sein mag, in Sequenzen zerlegt betrachten können, dann besteht doch überhaupt kein Anlaß zu Angst. Der Tod, um noch einmal darauf zurückzukommen, ist unser Freund. Er ist unser Freund insofern, als wir dadurch die Möglichkeit der Fortentwicklung haben. Tod ist ja nichts als Abschluß einer nicht mehr weiter entwicklungsfähigen Daseinsstufe, sei es durch Krankheit, Unfall oder Alter. Alle drei Formen, wie das Leben beendet wurde, zeigen die Tatsache, daß eine Weiterentwicklung der gegenwärtigen Daseinsstufe nicht mehr gegeben war.
Krankheit ist die Übertragung geistiger Probleme auf den Körper. Ein Mensch, der bereits krank wurde, zeigt damit, daß er den Weg seiner geistigen Entwicklung zumindest vorübergehend, solange er krank ist, verlassen hat und die ihm dort unlösbar erscheinenden Probleme auf der körperlichen Ebene auszutragen bereit ist.
Das gilt auch für den Unfalltod. Auch hier wurde die geistige Entwicklung verneint.

Schauen wir doch einmal hinein in unsere Zeit. Wo wird denn noch musiziert, wo noch gesungen, gespielt und getanzt?! Wo gibt es noch die Hausmusik?
Zu keiner anderen Zeit wurden Aufgabe und Funktion der Musik offenkundiger als heute.
In jener tiefen geistigen Not des Dreißigjährigen Krieges ward Europa erfüllt von neuen Klängen der Musik Johann Sebastian Bachs. Seine Musik war ein neuer Anfang, ein neuer Aufbruch — ohne J. S. Bach wäre die etwa 100 Jahre spätere Klassik undenkbar.
Die klassische Musik ist der Höhepunkt der musikalischen Aussage, die dann in Richard Wagner ihren Abschluß findet. Diese Musik beflügelt, gibt Zuversicht, Sicherheit und Gewißheit, die Moderne treibt in die Resignation.

Warum ist das so?
Die klassische Musik ist getragen von dem bisher behandelten Ordnungsprinzip, die Moderne nicht. Deutlich erkennt man dies mit Hilfe eines Oszillographen (Schwin-

gungsschreiber), das Schriftbild der klassischen Musik ergibt immer ein harmonisches, symmetrisches Gesamtbild, die Moderne ein wirres Durcheinander.
Das darf nicht als Vorwurf, sondern nur als Feststellung verstanden werden, als eine Art Diagnose. Die Therapie dazu wäre die klassische Musik, nicht die von gestern, sondern eine neue klassische Musik, die mit Hilfe all des hier Vorgetragenen geschaffen würde.
Die Moderne ist ein Aufschrei, ein aus der Tiefe seiner blutenden Seele kommender Aufschrei nach Hilfe und Rettung — zu dieser Rettung und Hilfe hat alles versagt — auch seine Religion, die Vertreter derselben haben die Situation des Menschen nicht erkannt.
Auch das gilt keineswegs als Vorwurf, es dokumentiert lediglich, wie wenig die Vertreter der Religion von den inneren Zusammenhängen verstanden.
Um mehr Einblick in diese inneren Zusammenhänge zu bekommen, machen wir uns klar, wie es zur Modernen kommen konnte.
Die ausgehende Klassik wurde bereits von Revolutionen erschüttert, gleichzeitig erlebte die Industrie ihren gewaltigen Aufschwung, Amerika trat in die Geschichte ein. Und hier haben wir den Schlüssel.
Die Träger der „Gründerjahre" scheuten sich nicht vor Sklavenhandel, sie rissen die Neger aus ihren Bindungen, trennten Frauen und Kinder, traten die menschlichen Gefühle der Neger mit Füßen, zwangen sie in andere Welten und zur Arbeit. Sie wurden schlechter behandelt als das Vieh. Aber die Nachkommen dieser Gründer lernten mit den Negern fühlen und setzten schließlich durch, daß der Sklavenhandel abgeschafft wurde: der Neger wurde frei.
Aber wurde er wirklich frei? War er nicht entwurzelt, aus seinen natürlichen Bindungen herausgelöst, in eine ihm fremde Welt gestoßen? Die „freien" Neger zogen von den Farmen, von Woll- und Kaffeeplantagen in die großen Städte, sie wollten ihre Freiheit genießen und gerieten in noch tiefere Not.
Sie mußten Arbeit finden, um ihr Dasein zu fristen, die seelische Not war größer als zuvor. Eins aber hatte die Freiheit ihnen gebracht, sie hatten das Recht, ihrer seelischen Not Ausdruck zu geben. Und so entstand der Jazz: Der Jazz ist ein Aufschrei aus tiefster, gequälter Seele nach Hilfe, Rettung und Erlösung. Aber dieser Ruf blieb ohne Echo, er war hinausgestoßen und fand kein Ufer.
Und wie war die menschlich-seelisch-geistige Entwicklung in der übrigen Welt?
Die aufkommende Industrialisierung versklavte den Menschen, hier war das gleiche Bild — war es ein Wunder, daß der in die Welt hinausgestoßene Schrei der Neger diesen Menschen erreichte, ihn mitschwingen ließ in seiner Verzweiflung?! War dieser nicht verzweifelt wie der Neger?!
So trat der Jazz seinen Siegeszug an über die Erde. Aber er brachte keine Wende, keine Hilfe, es schien keine Therapie zu geben. Darum wurde der Aufschrei bald noch greller, noch hektischer, mit noch größerer Verzweiflung hinausgestoßen.
Der Jazz stand am Anfang, er ist der gemäßigte Aufschrei, Rock, Pop und noch härtere Musik sind die gesetzmäßige Entwicklung dieses Aufschreis, es ist das Stöhnen eines Fieberkranken. Soweit die Diagnose.
Die Therapie wäre die Rückbesinnung auf das Ordnungsprinzip der Welt in einer neuen Musik. Und schon zeigen sich Ansätze, wenn man die Entwicklung verfolgt. Aber es scheint einstweilen mehr aus der

Intuition, aus dem Erahnen und Erfühlen zu kommen, noch wachen nicht Wissen und Einsicht über dieses Neue.

Kommt das Wissen um die „inneren“ Zusammenhänge, das Wissen um die Waltung dieses Ordnungsprinzips hinzu, dann ist das der Schritt aus der Not zu einem neuen Aufbruch, der dem Schritt aus der Höhle mit dem „erkennenden“ Blick in den Himmel von damals vergleichbar ist.

Zusammenfassung

Als älteste Weisheitslehre der Menschheit, als Lehre echter Wissensvermittlung, hält die Esoterik den Menschen zu Kritik und Selbstkritik an.

Wenn auch die Esoterik um den Ursprung dessen weiß, was wir Kultur nennen und den real-natürlichen Hintergrund aufzeigt, so hat doch ein jeder für sich selbst den Schritt dorthin nachzuvollziehen und das Erfahrene zu eigenem Wissensgut zu wandeln.

Erst was eigenes Wissen geworden ist, kann fruchtbringend wirken. Man übe sich darum in der Aussage dessen, was man weiß. Infolge von Katastrophen und der Zuwendung zu anderen Dingen, etwa Handel und Gewerbe, trat der Wissensverlust um den real-natürlichen Hintergrund der Phänomene ein.

Die einst vom Menschen zur Verdeutlichung und Erklärung an den Himmel projizierten Bilder hielt der Mensch nunmehr für Wirklichkeiten, und der Mensch beschritt den Weg der Illusion, er nahm für wirklich, was aus ihm selbst entstanden war und nur Vermenschlichung erfuhr, es sich und den anderen verständlich zu machen. Wie er die ihm Licht und Leben wiederbringende Sonne einst als Erlöser aus Nacht und Kälte verstand und vermenschlicht hatte, die Wiedergeburt in einem menschlichen Kinde darstellte, so erhob er dies alles nun zu einem Gott außerhalb seiner selbst.

Der Mensch unterwarf sich den einst von ihm selbst geschaffenen Phantomen; denn solche wurden es nun, da ihm die innere Beziehung dazu und das Wissen um deren Ursprung verloren ging.

In dem gleichen Maße aber, wie er sich den Phantomen unterwarf, so forderte er von allen anderen die gleiche Unterwerfung.

Mit dem Wissensverlust um den real-natürlichen Hintergrund der Phänomene entstanden Macht- und Herrschsucht.

Der Mensch wurde abhängig von den selbst geschaffenen Phantomen, infolgedessen intollerant, unduldsam und fanatisch.

In dem gleichen Maße, wie er fanatisch wurde, wuchs er zu einem Hindernis der geistigen Entwicklung auf.

Es bedarf des langsamen Reifeprozesses, und hier steht das Gesetz der Verlangsamung (Retardierung).

Dieses Gesetz erfüllen die Religionen dieser Erde.
Wie die Vertreter der Religionen in der für sie maßgebend gewesenen „anerkannten" Lehrmeinung selbst ein Opfer dieser Lehre wurden, so sind sie besessen geradezu nach bestem Wissen und Gewissen an der Wahrheit vorbei zu lehren.
Das Ziel der geistigen Entwicklung aber lautet: Die Freiheit des Geistes. Und dazu gehört das Erkennen und Wissen.

Nichtwissen bedeutet Angst und Abhängigkeit. In der Abhängigkeit der vom Menschen selbst an den Himmel projizierten Phantome, in der Vermenschlichung der beobachteten Phänomene, entwickelte sich eine Gesellschaftsform, die Gesetze der Abhängigkeit schuf und sich als solches dann vermessen mußte, zu bestimmen, was als „anerkannte" Lehrmeinung zu gelten habe. Die Wahrheit wurde aus dem Leben und Denken des Menschen ausgeklammert.

Auf einem solch fundamentalen Irrtum gründeten sich die Religionen, indem sie jedoch die Bilder der kulturschaffenden Frühzeit bewahrten, ohne indes um deren Inhalt zu wissen.
Diese Bilder sprachen das Innere des Menschen an, lebten sie doch auf und in der Erinnerung. So wurden Religionen zur „geistlichen" Macht. Um auch hier einen Blick in die inneren Zusammenhänge zu tun, sei auf folgendes hingewiesen: Diese „geistliche" Macht bedurfte zu ihrer Existenz und Verteidigung der irdischen Macht.

Sind die Religionen auf dem hier erwähnten fundamentalen Irrtum gegründet, so bedürfen sie naturgesetzlich der Gewalt, ihren Irrtum zu verteidigen, die Wahrheit bedarf dessen nicht, sie kann nachvollzogen, erfahren und erlebt werden. Der Irrtum aber fürchtet ständig die Entdeckung.

Die in Haß-Liebe aufeinander angewiesenen beiden irdischen Mächte: Religion und Herrscher stützten sich auf Phantome und übten wie diese ihre Macht aus. Dabei aber kam es zwangsläufig zwischen der sogenannten „geistlichen" und irdischen Macht zu Machtkämpfen. Die einen wollten bevormunden und wachten darüber, daß die irdische Macht nicht ausbrach, und diese wollten unumschränkt herrschen und litten unter der Vormundschaft.
In der geschichtlichen Entwicklung aller Völker zeigt sich daher folgendes Bild: Im Widerstreit der beiden Mächte verkehrte die irdische Macht alle die geistliche Macht tragenden Werte ins Gegenteil und entzog ihr so das Fundament, ihre weltliche Macht auf diese Verkehrung zu gründen.

Da die Esoterik diese inneren Zusammenhänge klar erkennt und auch das Gesetz erfaßt, das hier naturgesetzlich wirksam sein muß, steht Esoterik außerhalb solcher Gesellschafts- und Entwicklungsmechanismen.

In den angesprochenen Gesellschaftsformen verwechselte man Schulwissen mit Wahrheit und Weisheit. Weisheit aber beginnt erst dort, wo man erworbenes Wissen sinnvoll und planbezogen anzuwenden weiß, wo man die inneren Zusammenhänge erkennt und aus der gestellten Diagnose die Therapie entwickelt.

Als Bildungsziele werden von der Gesellschaft Dinge genannt, die das Gegenteil dessen sind, was Bildung ist.

Wissen wird mit Fachwissen — bestenfalls mit Schulwissen gleichgesetzt. Was aber Ur-Wissen war, Wissen, das erst den Menschen ausmacht, Mensch im Sinne dieses

Wortes, wurde ausgeklammert und nicht erkannt.
Gepflegt und weitergegeben wurden daher nicht die Märchen als jene Kulturschöpfungen des Menschen im Sinne dieses Wortes. Sie wurden nicht mehr verstanden als himmelskundliche Berichterstattungen und Kultspiele. Gepflegt wurde daher auch nicht mehr die Musik als erlebbares Gesetz der kosmischen Ordnung und Harmonie; der Mensch, wenn wir ihn noch so bezeichnen dürfen, fiel einer Unordnung in der Musik anheim, die ihn schließlich restlos zerstören muß.
Der Mensch bediente sich auch nicht mehr der Kunst als Kunde und Wegweisung geistiger Entwicklung, sondern einer, wenn es hochkommt, Handfertigkeit. So herrschte denn schließlich der Irrtum auf allen Ebenen und Gebieten des menschlichen Daseins.

Kultur aber ist einzig und allein das, was zum Ausdruck bringt, wie jener Mensch im geistigen Aufbruch, das Zeitbewußtsein erlangend, zum Menschen im Sinne dieses Wortes wurde.

Für ihn war diese Entdeckung der berechenbar gewordenen Bewegungen und Phänomene am Himmel so aufregend und sein Denken bestimmend, daß in ihm ein Quell schöpferischer Fähigkeiten aufbrach, der nur das eine Thema kannte:
Die gesetzmäßig wiederkehrenden Phänomene des Himmels.
Als der Mensch, in den Himmel aufblickend, diese turnusmäßige Wiederkehr der himmlischen Ereignisse erkannt hatte, war das die Stunde der Menschgeburt — und mit ihm die Geburt des Zeitbewußtseins. Wie beglückend und erhebend war es für diesen Menschen, nun Herr der Zeit zu sein, Herr der Zeit in einer Weise, daß er in der Lage war, die himmlischen Ereignisse vorausberechnen zu können.
Diese Phänomene waren zweifellos:
der Gestaltwandel des Mondes,
die Jahreszeiten:
Frühling, Sommer, Herbst und Winter,
die Sonnen- und Mondfinsternisse,
die vorausbestimmbaren Bewegungen der Planeten, ihre Wiederkehr und Rückläufigkeiten: Venus, Merkur, Mars, Jupiter,
der Fünfstern der Venus usw.

Die noch erhaltenen Steinsetzungen und Bauwerke des Megalith mit Stonehenge als megalithischer Computer zur Vorausberechnung der Sonnen- und Mondfinsternisse über einen Zeitraum von 3 Saros mit jeweils 18⅔ Jahren, insgesamt also über 56 Jahre, mit den Externsteinen im Teutoburger Wald, der Sternwarte Sternhof am Rande der Senne, mit Uppsala in Schweden, den Felsritzzeichnungen in Südwestschweden, der Steinsetzung Goor auf der Insel Rügen, mit Visbeker Braut und Bräutigam und so vielen anderen, beweisen als Sternwarten das hohe himmelskundliche Wissen jenes Menschen, der der Urahn des Menschen ist.
Sein himmelskundliches Wissen stellt das Fundament all dessen, was die Bezeichnung *Kultur* verdient, und sein Wissen ist die Wurzel aller Religion.
An dieser Stelle wird sichtbar, wie ungeheuer wichtig es ist, bis zu diesem Punkt sich zurückzutasten, um im Nacherleben Mensch zu werden. Kultur gründen oder eine andere an diese Stelle setzen, können wir nicht, wir können nur eins: Uns bemühen, verloren Gegangenes wiederzugewinnen, um dort wieder anzuknüpfen, wo infolge von Katastrophen und Auswanderung durch falsche Denk- und Lebensgewohnheiten der Faden einst abriß.

„Wenn ich am Abend den Himmel staunend betrachte und das Heer der ewig in seinen Grenzen sich

schwingenden Lichtkörper, Sonnen oder Erden genannt, dann schwingt sich mein Geist über diese so viel Millionen Meilen entfernten Gestirne hin zur Urquelle, aus welcher alles Erschaffene strömt und aus welcher ewig neue Schöpfungen entströmen werden."
Ludwig van Beethoven

„Zwei Dinge erfüllen das Gemüt mit immer neuer und zunehmender Bewunderung und Ehrfurcht, je öfter und anhaltender sich das Nachdenken damit beschäftigt:
Der bestirnte Himmel über mir und das moralische Gesetz in mir."
Emanuel Kant

„Der Geist muß die Erinnerung an sein Durchleben der verschiedenen Erdenzeiten in seinen Besitz verwandeln. Dieses Durchleben der einzelnen Erdenzeiten ist eine Steigerung des Bewußtseins. Was einst Erstaunen, Bewunderung, Freude und Jubel, was einst Jammer, Elend, Not und Unglück war, ist nun leuchtende Erkenntnis."
Jakob Burckhardt

„Die Dichtung ist etwas Philosopherisches und Tieferes als die Geschichte."
Jakob Burckhardt

„Dichtung lebt aus dem Mythos. Und der Mythos ist neben Religion und Märchen eins jener Gefäße, in welches das himmelskundliche Wissen des Steinzeitmenschen einfloß."
Hermann J. Dörr

„Die Poesie besitzt mehr Tiefe und Kraft für die Erkenntnis des Wesens der Menschheit als Philosophie und Geschichte."
Arthur Schopenhauer

„Die Poesie ist das tiefere und reinere Gefäß, in welchem Geschichte und Philosophie ihre Läuterung erfahren. Die Poesie ist jenes Gefäß, dessen Urgrund zurückreicht in die graueste Vorzeit des erwachenden menschlichen Bewußtseins. In der Dichtung bebt noch jenes Zittern nach, das den Menschen ob seiner gewaltigen, alles wandelnden Erkenntnis ergriff. Es begann mit jenem ‚erkennenden' Blick in den Himmel, der ihm seine Gesetzmäßigkeit offenbarte und mehr und mehr in all seinen Bewegungen sein Ordnungsprinzip bestätigte. So weht in der Dichtung noch jener Atem des ersten erwachenden Bewußtseins des Menschen. Zum ersten Male stand er auf festem Grund, konnte den Dingen vertrauen, waren sie doch berechenbar geworden. Aus den Märchen schimmert noch das Morgenrot jener Frühzeit, daß der Mensch nun Herr über Zeit und Raum war. Herr, weil er fortan nicht mehr als Unwissender der Unbill oder der Willkür von Zeit und Wetter, Sonnen- oder Mondfinsternis ausgeliefert war, sondern dank seines durch Beobachtung erlangten Wissens sich nun in der Lage sah, vorausberechnen zu können, wann Sommer, wann Winter, wann Frühjahr oder Herbst, wann die nächste Sonnen-, die nächste Mondfinsternis eintreten werde, wann Venus oder Merkur wie ein schwarzer Punkt wiederum durch die Sonne gehen usw.
Nun waren die Phänomene des Himmels keine Zufälligkeiten mehr, keine Willkür oder Rache eines strafenden Gottes, sie waren vorherbestimmbare, gesetzmäßig berechenbare Ereignisse geworden, die geeignet waren, das waltende Ordnungsprinzip, das Gesetz kosmischer Ordnung und Harmonie in den Bewegungen am Himmel kund zu tun. Welch ein Erwachen! Welch ein Aufbruch! bedeutete der ‚erkennende' Blick in den Himmel!"
Hermann J. Dörr

Nachwort

Diese Schrift hat ihren Abschluß gefunden; dennoch ist ein Wort zu sagen. Trotz des langen Weges, den der Leser mit uns gegangen ist, kann diese Schrift keinen Anspruch auf Vollständigkeit erheben und erhebt ihn auch nicht. Diese Schrift kann nur als Einführung verstanden werden. Vieles wurde nur angeritzt, anderes angedeutet, vieles als Beweis nur herangezogen, ohne darauf erklärend und erschöpfend eingegangen zu sein.

So z. B. auf Keplers Lehre, der für die Planetenbewegungen und -beziehungen untereinander die Verhältniszahl 0,618... ermittelte und die Berechnungsgrundlage 1,5 für Saturn.

Wir mußten uns begnügen und konnten nur einen Einblick vermitteln. So viel aber ist dem Leser klar geworden, daß es um ein anderes Seinsverstehen geht, um eine Lebensweise, die zu größerem Wissen und zur Selbsterfüllung führt. Ziel war die Abgrenzung und damit die Befreiung aus der Fremdbestimmung. Diese Befreiung aus der Fremdbestimmung führt dann zur Selbstbestimmung.

Dazu aber war es nötig, den realnatürlichen Hintergrund des Märchens zu beleuchten, weil das allein uns zu uns selbst zurückführen kann.

Diese Rückführung zur Selbstbestimmung, welcher die Selbstfindung voraufgeht, geht nur übers Märchen, weil dies die erste und älteste Kulturschöpfung des Menschen ist. Das Gesetz der Wiederholung aber erfüllen wir nicht dadurch, daß wir Märchen erzählen oder spielen oder im Spiel erleben, etwa durch Opern von Mozart, Carl Maria v. Weber, Wagner, Humperdinck oder durch Ballettaufführungen von Tschaikowsky u. a., sondern einzig und allein durch den Nachvollzug des Märchens auf dem hier vermittelten Wissen.

Die Erfüllung des Gesetzes in der Wiederholung hat also vollständig zu sein. Wie der Mensch der Frühe, der diese Spiele, genannt Märchen, entwarf, um den tatsächlichen realnatürlichen Hintergrund wußte, so haben wir dies in und aus diesem Wissen heraus nachzuvollziehen. Wir haben zu wissen, was sich in dem Märchen an tatsächlichen Ereignissen abspielt. Aus diesem Grunde wurde die Beleuchtung des real-natürlichen Hintergrundes so stark beleuchtet. Und aus diesem Grunde wurde gezeigt, daß Religion auf dem gleichen Boden solchen Wissens um die kosmischen bzw. himmlischen Ereignisse gewachsen ist.

Dieses Wissen macht frei und gewährt Sicherheit, es macht frei von Fremdbestimmung und eröffnet den Weg zur Selbstbestimmung.

Es leuchtet ein, daß diese Schrift allein nicht ausreichen kann, das gesteckte Ziel zu erreichen: Selbstfindung durch Selbsterkenntnis und Selbsterfüllung durch Selbstbestimmung.

Dieses Ziel wird erreicht durch:

1. Verbreitung von Schrifttum,
2. Abhaltung von Seminaren,
3. durch Gründung weiterer Bildungszentren.

Die Verbreitung von Schrifttum wurde bereits eingeleitet, sie läuft unter der Bezeichnung *Kosmobiologie.*

Ebenso wurden bereits Seminare abgehalten. Sie sollen weiterhin als Wochenendseminare laufen und dienen zunächst der allgemeinen Verbreitung dieses Wissens mit dem Ziel, Interesse zu wecken und bekannt zu machen mit einer Denk- und Lebensweise, die mehr zur Erfüllung des Menschen beiträgt als

andere Denk- und Lebensweisen.
Es ist daran gedacht, in der Folge intensivere Ausbildungen durchzuführen, um so zu gewährleisten, daß weitere Bildungszentren in Eigeninitiative an anderen Orten gegründet werden.

Hier noch einmal in Kurzform die Zielsetzung der Esoterik:

1. Selbstfindung durch Selbsterkenntnis, Selbsterfüllung durch Selbstbestimmung. Dies ist zu erreichen:
   a) durch die Befreiung von Fremdbestimmung,
   b) durch die Befreiung von Angst.
2. Änderung seiner selbst,
   a) durch Änderung seines Denkens,
   b) durch Änderung seines Verhaltens.
3. Bewußte Übernahme von Verantwortung:
   a) für sich selbst und sein Schicksal,
   b) durch Übung von Selbstdisziplin,
   c) durch vertieftes Wissen um die inneren Zusammenhänge.
4. Durch die Schaffung einer bildenden Kunst, die wieder diese Bezeichnung verdient, Kunst als Kunde, getragen von dem hier wiedergegebenen Wissen um das Ordnungsprinzip der Welt:
   a) durch eine ausübende Kunst, Musik, Gesang, Tanz und Spiel,
   b) durch bewußte Einfügung in die kosmische Ordnung und Harmonie mit Hilfe solcher bildenden Kunst.
   c) Es bedarf dann der Musik, der Gesänge, der Tänze und der Spiele, die in diesem Sinne geschaffen werden.

Wir können und wollen nicht zurück zur Steinzeit, sondern bewußt die gemachten Erfahrungen und Erlebnisse der Jahrtausende mit einbringen, aber mit diesem durch Leid, Kummer und Unglück gereifteren Bewußtsein wieder anknüpfen an das Unvergängliche, das menschlicher Geist in jener Frühe geschaffen hat. In dieser Schöpfung finden wir uns wieder und erfüllen bewußt das Gesetz der Wiederholung, um uns so selbst zu finden, indem wir uns selbst wieder erkennen in jenen frühesten Kunstschöpfungen, um Selbsterfüllung zu finden durch Selbstbestimmung.

Literaturverzeichnis

Altheim, Franz
Gesicht vom Abend und Morgen. Hamburg 1955

Die Krise der Alten Welt. Leipzig 1934

Zarathustra und Alexander. Hamburg 1960

Der unbesiegte Gott. Hamburg 1959

Atkinson, R. J. C.
Stonehenge. London 1956

Bailly
Traité de l'Astronomie Indien et Oriental. Paris 1886

Baravalle, Hermann
Geometrie als Sprache der Formen. Stuttgart 1980

Bartholomäus, Karl
Das Weltbild Homers. Vortrag 1981

Beck, Eugen Friedrich
Sichtbare Zeugnisse alteuropäischer Geistesgeschichte. Schopfheim 1974

Biedermann, Hans
Die versunkenen Länder. Graz 1975

Buschick, R.
Sternenkunde. Leipzig 1927

Charpentier, Luois
Les géants et le mystère des origines. Paris 1969

Die Kathedrale von Chartres

Child, Gordon
Stufen der Kultur. Stuttgart 1952

The Dawn of European Civilisation. London 1950

Vorgeschichte der europäischen Kultur. Hamburg 1960

Cloos, Hans
Gespräch mit der Erde. München 1974

Dörr, Hermann J.
Das Erbe der versunkenen Kultur. Teil I und II

Das Sternenweistum der Steinzeit

Dörr, Leni
Das Futhark — Ein Schöpfungsbericht

Droz, Camille
Von der wunderbaren Heilwirkung des Kohlblattes. Genf 1978

Dürr, Walther A. H.
Runenvorgeschichte. Manuskriptdruck 1979

Eliade, Mercea
Der Mythos der ewigen Wiederkehr. Düsseldorf 1953

Das Mysterium der Wiedergeburt. Zürich 1961

Frank, Karl A.
Sturm aus Atlantis. Düsseldorf 1975

Glasenapp, Helmuth
Die nichtchristlichen Religionen. Frankfurt 1957

Gorsleben, Rudolf John
Hochzeit der Menschheit. Leipzig 1930

Gsänger, Hans
Mysterienstätten der Menschheit

Die Externsteine. Freiburg 1964

Haase, Rudolf
Die Grundlagen der harmonikalen Symbolik. München 1966

Geschichte des harmonikalen Pythagoreismus. Wien 1969

Hahne, Hans
Die hallischen Jahreslaufspiele. Eugen Diederichs, Jena ohne Jahresangabe.

Hahnloser, Hans
Villard de Honnecourt. Graz 1972

Harburger, W.
Johannes Kepler. Kosmische Harmonie. Leipzig 1925

Hawkins, Gerald S.
Stonehenge decoded. London 1972

Heisenberg, Werner
Das Teil und das Ganze. München 1969

Heiß, Erich
Wildgemüse und Wildfrüchte. München 1980

Hertwig, Hugo
Heilpflanzenbuch. München 1954

Hirsch, Friedrich
Der Sonnwendbogen. Lahr 1965

Horken, H. K.
Ex nocte lux. Enträtselte Urgeschichte. Tübingen 1972

Jeremias, Alfred
Handbuch der altorientalischen Geisteskultur. Berlin—Leipzig 1929

Kayser, Hans
Lehrbuch der Harmonik. Zürich 1950
Akroasis. Basel—Stuttgart 1964

Kepler, Johannes
Harmonices mundi. Linz 1619

Kerènyi, Karl
Die Mythologie der Griechen. Zürich 1951

Kolbenheyer, Erich
Das Gesamtwerk. Nürnberg 1970

Krüger, Wilfried
Das Universum singt — Die Atome offenbaren das Geheimnis der Musik. Trier 1982

Lakhovsky, Georges
Das Geheimnis des Lebens. München 1931

Langewiesche, Wilhelm
200 000jährige Menschheitserinnerungen. Regensburg 1959

Lorenz, Manfred
Umbruch im biologischen Denken. Düsseldorf 1980

Machalett, Walther
Die Externsteine. Maschen 1980

Marby, Friedrich Bernhard
Runenbücherei, Erster Doppelband. Stuttgart o. Jahresangabe

Müller, Rolf
Der Sternenhimmel über dem Menschen der Steinzeit. Berlin—Heidelberg—New York 1970

Müller, Sophus
Urgeschichte Europas. Straßburg 1905

Neumann-Gundrum, Elisabeth
Europas Kultur der Groß-Skulpturen. Gießen 1981

Neumann, Erich
Der Panoramastein. Düsseldorf 1972

Oxenstierna, Eric
Die Goldhörner von Gallehus. Lindingö 1936

Pfeifer, Franz Xaver
Der Goldene Schnitt. Schaan/Liechtenstein 1969

Pudor, Heinrich
Ausführliche Erörterungen des Falles Schliemann betreffs Atlantis. Leipzig 1936

Reiser, Theo
Das Geheimnis der Pythagoreischen Tetraktys. Heidelberg 1967

Reuter, Otto Sigfrid
Germanische Himmelskunde. München 1934
Das Rätsel der Edda. Sontra 1921
Gestalten und Gedanken im Nibelungenliede. Dortmund 1978

Ritter-Schaumburg, Heinz
Die Nibelungen zogen nordwärts. Goldmann und in Sagen der Völker. Stuttgart 1959

Rohrbach, Renate und Rudolf
Felsbilder. Tübingen 1979

Schadewaldt, Wolfgang
Griechische Sternsagen. Frankfurt 1956

Scheltema, Adema van
Die Kegelmadonna, Antaios II.
Das Kammerfenster, Antaios III

Schmidt, Thomas
Musik und Kosmos als Schöpfungswunder. Frankfurt 1974

Schwabe, Julius
Archetyp und Tierkreis. Basel 1951

Seewald, Otto
Beiträge zur Kenntnisse der steinzeitlichen Musikinstrumente Europas. Wien 1934

Sommer, Walter
Das Urgesetz der natürlichen Ernährung. Ahrensburg 1964

Spanuth, Jürgen
Atlantis. Tübingen 1965

Teudt, Wilhelm
Germanische Heiligtümer. Jena 1929

Wegener, Alfred
Die Entstehung der Kontinente und Ozeane. Nachdruck der letzten Auflage von 1928. Braunschweig 1962

Weisweiler, Hermann
Das Geheimnis Karls des Großen. München 1981

Winter, Oskar
Der Sinn an sich. Düsseldorf 1981

Wirth, Herman
Aufgang der Menschheit. Jena 1928
Die heilige Urschrift der Menschheit. Leipzig 1932—1936

Das Ende des biologischen Materialismus

UM BRUCH

im biologischen Denken

Die geistige Existenz aller Lebewesen

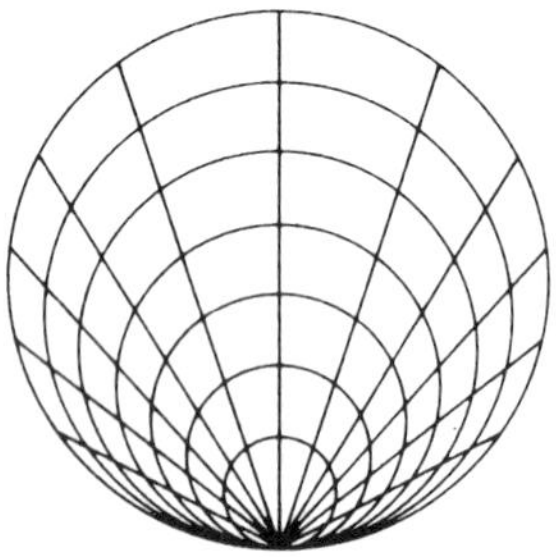

Folgerungen, die sich in der molekular-biologischen Forschung schon lange anbieten, hat Manfred Lorenz als erster aus der Struktur des Zellkernes überzeugend und beweisführend zu ziehen gewagt. Der Intellekt wird sensationell als die wahre Triebkraft des organischen Lebens erkannt. Der Zellkern, bisher nur als der geheimnisvolle Träger der Erbanlagen beschrieben, erscheint als das lenkende, geistige Zentrum des Lebens. Der uralte Konflikt zwischen Geist und Körper existiert nicht mehr.

Bei Pflanzen und Tieren ist der Zellkern der Sitz des spezifischen Art-Intellektes, der an keine individuelle Bewußtseinsbildung gebunden ist.

Das Leben in allen seinen Formen ist zwar materiell, aber wesenhaft geistiger Natur. Der biologische Materialismus ist überwunden. – Eine revolutionierende Erkenntnis.

Neue, bisher nur geahnte Perspektiven öffnen sich zu einem faszinierenden Weltbild. Zudem werden für die Natur der Wahrnehmung, die Enstehung der Arten und eine Reihe psychischer Probleme neue, interessante Lösungen angeboten.

Durch die leicht faßliche Sprache des Autors ist das Buch trotz seines wissenschaftlichen Gehaltes für jeden lesbar. Ein Fremdwörterverzeichnis erklärt zudem die oft unumgänglichen Fachbegriffe und erleichtert so das Verständnis des fesselnden Stoffes.

Dr. Manfred Lorenz

UMBRUCH IM BIOLOGISCHEN DENKEN

Die geistige Existenz aller Lebewesen

232 Seiten, 5 Abbildungen, kart., DM 29,80

Oskar Winter

DER SINN AN SICH

und die noëtische Erkenntnislehre

SINN-PHILOSOPHIE

288 Seiten, mit Registerteil, 15 x 22 cm

fadengeheftet, kart., DM 29,80

Über den Sinn der Welt wird nachgedacht, seit es denkende Menschen gibt. In all den Zeiten, die hinter uns liegen, wurde beste geistige Kraft auf die Sinnfrage verwendet. Der größte Teil dieser Bemühungen ist uns unbekannt und manches Ergebnis, manche reife Erkenntnisfrucht ist sicherlich verloren gegangen. Falls sie in die uns überkommenen Symbole und Mythen eingegangen ist, können wir sie uns von unserer heutigen Bewußtseinshöhe aus rückschauend erschließen; freilich nicht „so ohne weiteres". Verhältnismäßig hell erstrahlt uns altes Weistum aus den antiken Bruchstücken, wie es uns auch aus den neutestamentlichen Schriften noch anblickt, wenn wir fähig sind, es als solches zu erkennen. Vor allem ist dies die „Gottesreich"-Lehre des Nazoräers Jesus, welche dieser aus chaldäisch-urisraelitischen Überlieferungen erneut hat.

Was wir sonst über das Mühen um den Sinn der Welt heute wissen, verdanken wir der Intuition der Dichter, der philosophischen Spekulation oder theologischer Forschung. Was so hervorgebracht wurde, blieb aber nicht ohne Widersprüche und feindselige Gegensätze. Wir können Übereinstimmung auch künftig nicht ohne neuerliche ernste geistige Bemühungen erwarten.

In dem vorliegenden philosophischen Werk von Oskar Winter wird versucht, den Sinn der Welt auf geistes-empirischen Weg zu voller Einsicht zu bringen. Dieser Weg erfordert zwar die entsprechende Veranlagung und Freude am abstrakten Denken. Aber auch jeder geistig allgemein Interessierte wird dem hier aufgezeigten Erkenntnisweg intuitiv folgen können.

Warum ist gerade jetzt die Sinnfrage in aller Munde? Sie entspringt unserer existentiellen und religiösen Krise, ist also zugleich die Frage nach Gott. Wo ist Gott? Oskar Winter sagt in Übereinstimmung mit dem Weistum der Vergangenheit: nicht in einem fernen Himmel, sondern hier und jetzt, in der Welt und in unserem Bewußtsein, in unserem Sinnen und Sehnen. Er sieht Gott „als" Welt! Entweder Gott ist nichts oder alles! Da aber nichts eigentlich „ist", sondern alles „wird", gilt dem Verfasser: Weltweit werdend wird Gott! So wird aus dem „Monotheismus" der Vergangenheit der „Theomonismus" der ewig werdenden göttlichen Gegenwart.